Dein bester FREUND? Bist DU!

Text: Dela Kienle
Illustration: Horst Hellmeier

Ravensburger

Inhaltsverzeichnis:

Was ist gerade wichtig?

Tu dies, tu das! Ständig muss etwas unbedingt erledigt werden, weil es angeblich wichtig ist.

Was hast du heute schon zu hören bekommen? Kreuz an.

- [ ] „Mach endlich Hausaufgaben!“
- [ ] „Lern für die Klassenarbeit!“
- [ ] „Geh pünktlich los!“
- [ ] „Räum dein Zimmer auf!“
- [ ] .... **(selbst ausfüllen)**

Okay, okay: Ganz falsch sind solche Ermahnungen nicht. Du bekommst Stress in der Schule, wenn du ohne Hausaufgaben aufkreuzt. Und die herumliegenden Klamotten in deinem Zimmer nerven dich selbst.

Aber trotzdem: Es gibt Wichtigeres im Leben als Englisch-Vokabeln und Stinksocken-Aufsammeln!

Das Allerwichtigste (heute, morgen und in den kommenden Jahren) ist:

Mach dich selbst zu deinem besten Freund!

Das klingt vielleicht komisch. Aber dieser Vorsatz wird dein Leben verbessern. **Versprochen!**

Wer mit sich selbst gut umgeht, entwickelt Selbstvertrauen, quält sich seltener mit Zweifeln und fühlt sich besser. Er kann sich aufs Wesentliche konzentrieren – und sich schneller aufheitern, wenn etwas schiefgegangen ist.

> „Egal was passiert, du hast immer dich selbst. Also fang lieber an, die Gesellschaft zu genießen!"
>
> **Diane von Fürstenberg,**
> belgisch-amerikanische Modeschöpferin

Stell dir vor, dass jemand dich **so** behandelt:

Wärst du mit so einem Ekel gern befreundet? **Natürlich nicht.** Und du würdest solche Gemeinheiten auch kaum zu anderen sagen. **Aber sei ehrlich:** Schießen dir selbst manchmal solche Sätze durch den Kopf?

Wahrscheinlich bist du zu anderen meist netter als zu dir selbst. Eigentlich verrückt! **Mit deinem Ich bist du schließlich Tag und Nacht zusammen!**

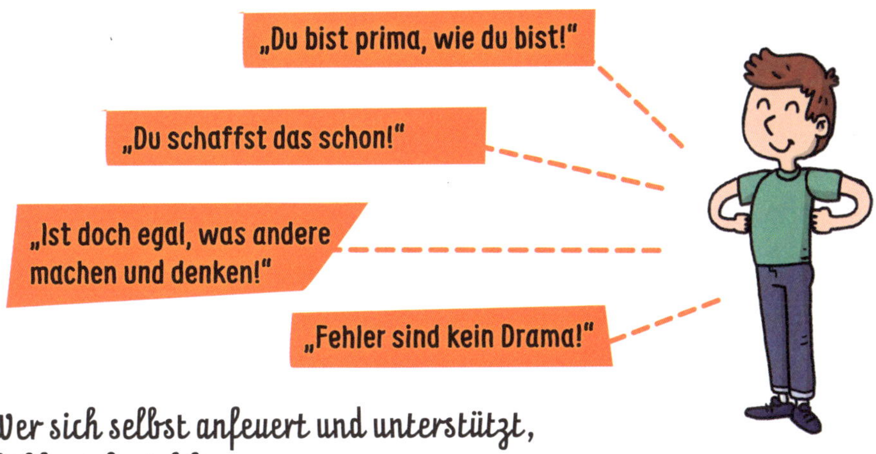

Wer sich selbst anfeuert und unterstützt, fühlt sich viel besser.

Viele Dinge kannst du nicht beeinflussen. Aber über etwas Entscheidendes bestimmst du ganz alleine: wie du mit dir selbst umgehst. Ob du dich gut um dich kümmerst. Ob du dich wegen allem stresst oder ob du auf deine Bedürfnisse hörst. **Du kannst dich selbst wie einen Loser behandeln. Oder wie deinen allerbesten Freund!**

Tatatata! Das bin ich!

Name: ______________________________

So alt bin ich: ______________ So alt wäre ich gern: ______________

Eine meiner guten Eigenschaften: ______________________

Darüber kann ich lachen: ______________________

____

Davon krieg ich schlechte Laune: ______________________

____

Könnte ich ein Tier sein, wäre ich am liebsten: ______________

Die beste Zeit des Tages: ______________________

Diese Superhelden-Eigenschaft hätte ich gerne: ______________

____

Diese Musik höre ich, wenn ich fröhlich bin: ______________

Diese Musik höre ich, wenn ich traurig bin: ______________

Lieblingsbuch: ______________ Lieblingsapp: ______________

Könnte ich etwas Gutes für die Welt zaubern, würde ich: ______________

____

Diesen Promi würde ich gern treffen: ______________

Wir würden dann zusammen ______________

____

____

So sehe ich morgens nach dem Aufwachen aus: (einzeichnen)

Die Macht der Gedanken

Vielleicht findest du es egal, wie du über dich denkst. Außer dir kriegt das ja keiner mit! Aber täusch dich nicht: Gedanken haben erstaunlich große Macht!

PROBIER'S AUS

Schließ die Augen und stell dir dein Lieblingsessen vor … wie es aussieht, wie es duftet. Spür den ersten Bissen im Mund. Mmmmh, einfach köstlich!

Szenenwechsel. Stell dir vor, du trinkst Orangensaft, er rinnt kühl durch deine Kehle. Doch plötzlich fühlst du etwas Schleimiges. Etwas Widerliches. Jemand hatte in deinen Becher gespuckt … und du hast den fremden Schleim jetzt im Mund. **Igitt!**

Was ist passiert? Wahrscheinlich hast du beim Gedanken an dein Lieblingsessen gelächelt und dir ist das Wasser im Mund zusammengelaufen. Bei der Orangensaftgeschichte hast du wohl das Gesicht verzogen. Vielleicht war dir sogar kurz ein bisschen übel. Das waren nur kurze Fantasiegeschichten. Trotzdem genügt die Vorstellung und dein Körper reagiert sofort: mit echtem Lächeln, mit echtem Unwohlsein. **Deine Gedanken beeinflussen nämlich, wie du dich fühlst und wie du auf die Welt reagierst.**

WIRKLICH WAHR!

Profisportler halten nicht nur ihren Körper fit. Die meisten trainieren auch in Gedanken! Ein Tennisspieler stellt sich zum Beispiel genau vor, wie er sich bewegen muss, um einen perfekten Aufschlag hinzukriegen. Ein Alpin-Skifahrer hingegen saust in Gedanken die Rennstrecke hinunter. **Das Gehirn merkt sich solche Dinge!** Manche Sportler denken auch ganz gezielt an frühere Erfolge zurück. Sie erleben noch einmal, wie stark sie sich gefühlt haben. Und dieses gute Gefühl hilft ihnen im nächsten Wettkampf.

Die Denkmaschine

Hast du schon mal über dein Gehirn nachgedacht? Das Ding zwischen deinen Ohren? Es lohnt sich, denn dieses wundersame Organ macht dich zu dem Menschen, der du bist!

Ein Gehirn sieht aus wie ein rosa Blumenkohl – und wiegt auch ungefähr so viel: etwa 1,4 Kilogramm!

Es besteht aus ungefähr 86 Milliarden Nervenzellen (86.000.000.000)! Das sind rund elf Mal so viele Zellen wie es Menschen auf der Erde gibt.

Das Gehirn eines Babys ist vier Mal leichter als das eines Erwachsenen. Indem das Kind denkt und lernt, entstehen zahllose neue Verbindungen zwischen den Zellen. Dadurch wird das Gehirn schwerer.

Ein Supercomputer braucht viel Kraft: Das Gehirn verbraucht ein Fünftel unserer Energie. Jedes fünfte Brot, das du isst, füttert also sozusagen dein Gehirn.

Tief im Kopf liegt der Hirnstamm. Er regelt Lebensnotwendiges wie Atmung, Verdauung und Herzschlag. Bei Gefahr lässt er uns fliehen.

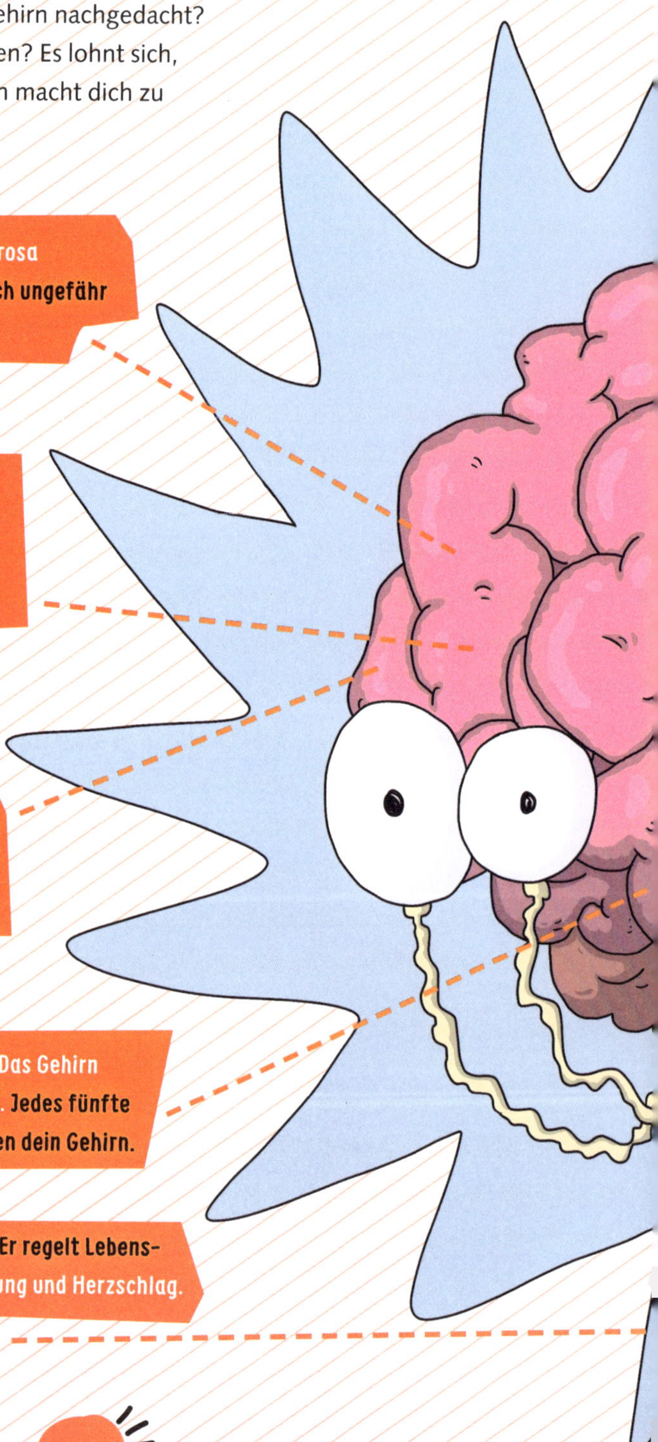

Das Kleinhirn speichert Bewegungen: wie du gehst, radelst … und auch, wie du sprichst. Es reagiert empfindlich auf Alkohol. Deshalb torkeln und lallen Betrunkene.

Der Hippocampus prüft alle hereinströmenden Informationen: Was ist wichtig? Nur das schafft es ins Langzeitgedächtnis.

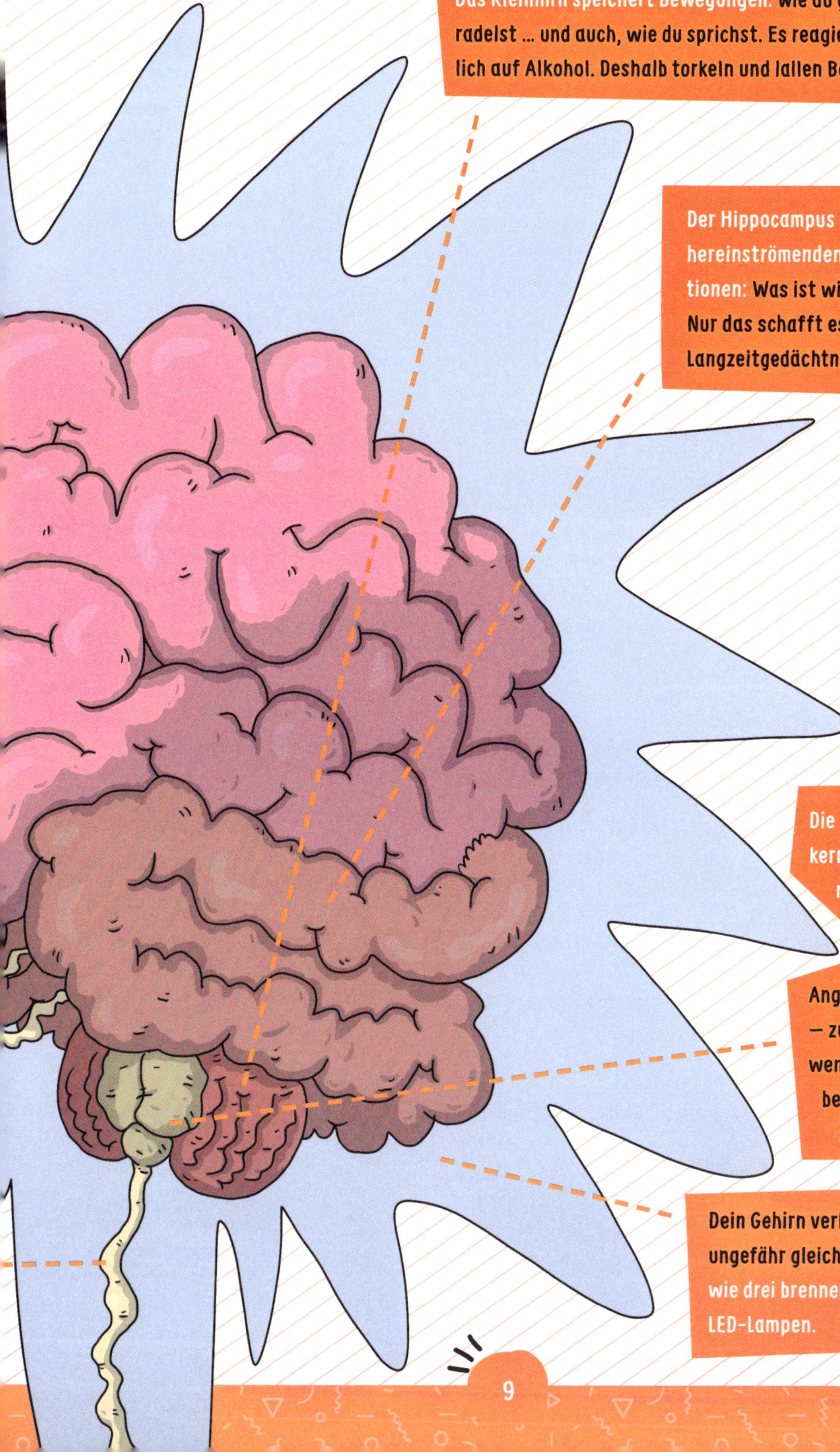

Die beiden Mandelkerne (Amygdalae) reagieren auf Gefühle. Sie lassen Angst entstehen – zum Beispiel, wenn ein wild bellender Hund auf dich zurast.

Dein Gehirn verbraucht ungefähr gleich viel Energie wie drei brennende LED-Lampen.

Dein Gehirn ändert sich. Ständig. Es ähnelt einer gigantischen Baustelle. Manche „Denkhauptstraßen“ sind bei allen Menschen gleich. Sie sind genetisch festgelegt, schon bei unserer Geburt. Aber es gibt unendlich viele kleinere Wege, die wir mit der Zeit selbst anlegen: **indem wir Erfahrungen machen – und indem wir etwas denken.**

Die Milliarden Nervenzellen im Gehirn sind miteinander verwoben. Jede einzelne steht mit bis zu 10.000 anderen Nervenzellen in Verbindung. **Deine Gedanken sausen wie Elektroblitze von einer Zelle zur nächsten. Je häufiger eine Verbindung benutzt wird, desto stärker wird sie.**

VERSUCH DICH MAL IM GEHIRN-STRASSENBAU – UND MERK DIR DIESE LUSTIGEN VOKABELN:

gammelmormor ‣ Urgroßmutter (auf Schwedisch)

piepschuim ‣ Styropor (auf Holländisch)

bollemakiesie ‣ Purzelbaum (auf Afrikaans)

bambusbjörn ‣ Pandabär (Isländisch)

Und? Alles gespeichert? Die Wörter sind jetzt in deinem Kurzzeitgedächtnis – und in deinem Gehirn ist eine kleine, feine Erinnerungsspur entstanden.

Allerdings wird die bald wieder verschwinden. Wenn du dir gammelmormor und bambusbjörn merken willst, musst du die Wörter mehrfach wiederholen. **Jede Wiederholung macht die Erinnerungsspur kräftiger.** Oft gebrauchte Wege zwischen den Nerven verstärken sich. So lernst du – und zwar nicht nur Vokabeln. **Es klingt unglaublich, aber eigentlich bist du wie ein Bildhauer: Mit deinen Gedanken kannst du dein Gehirn formen.**

Stell dir vor, du würdest ständig denken:
„Was stimmt bloß nicht mit mir?"
Das würde dein Gehirn speichern. Je öfter du solch einen entmutigenden Satz denkst, desto leichter kommt er dir in den Sinn, wenn etwas nicht sofort klappt oder wenn jemand dich nur schief anschaut.

Aber zum Glück ist es auch andersherum:
Du kannst dir angewöhnen, auf Positives zu achten, dich selbst zu bestärken, freundliche Gedanken zu denken. Je mehr du das tust, desto leichter fällt es dir. Und es ist jede Mühe wert – denn du bekommst eine Belohnung: **ein prächtiges „Ich kann mich gut leiden"-Gehirn, das dich wie einen guten Freund behandelt!**

> **„Die Seele hat die Farben deiner Gedanken."**
> **Marc Aurel,**
> römischer Kaiser und Philosoph

WIRKLICH WAHR!

Es ist das schwierigste Taxi-Examen der Welt:
Londoner Fahrer müssen rund 25.000 Straßen auswendig lernen. Dafür büffeln sie drei bis vier Jahre. In dieser Zeit verändert sich ihr Gehirn, wie Forscher gezeigt haben: Der Teil, der für die Orientierung zuständig ist, wächst deutlich. Auch das Gehirn von Profi-Musikern ist anders: Bestimmte Gebiete, die mit dem Hören und mit feinsten Bewegungen zu tun haben, sind viel größer als bei anderen Menschen. Je mehr die Musiker üben, desto deutlicher ist der Unterschied. **Unser Gehirn verändert sich also messbar – je nachdem, was wir denken und tun.**

Mit welchen guten Gedanken willst du heute dein Gehirn füttern?

Das mag ich an meinem Aussehen:

Kritzel einfach drauf los!

Dinge, Leute oder Orte, die mich fröhlich machen:

Dafür habe ich hart gearbeitet – und es erreicht:

So sehr mag mich meine Familie (mal die Herzen an!)

Heute ist was Schönes passiert, nämlich…
Noch ein guter Gedanke:
Darauf freue ich mich schon:
Daran denke ich gern zurück:

Wie gern magst du dich selbst?

Es gibt diese Leute, denen alles leichtfällt. Oder zumindest sieht es so aus. Sie sorgen dafür, dass jeder ihnen zuhört. Und Zweifel scheinen sie nicht zu kennen.

Wie ist das bei dir? Wie hoch ist dein **Selbstwertgefühl?** Mach den Test.

Kreuze bei jedem Satz an, ob er auf dich zutrifft. Zähle die Punkte unter den Antworten zusammen. Auf der nächsten Seite findest du die Auflösung!

WENN ICH MICH *ungerecht* BEHANDELT FÜHLE, SCHLUCKE ICH DAS FAST IMMER RUNTER.

Ganz genau!	Stimmt ein bisschen!	Stimmt nicht wirklich!	Nö, passt bei mir nicht!
(0 Punkte)	(1 Punkt)	(2 Punkte)	(3 Punkte)
☐	☐	☐	☐

Ups, sorry! ICH ENTSCHULDIGE MICH DAUERND. DAS FLUTSCHT EINFACH RAUS.

Ganz genau!	Stimmt ein bisschen!	Stimmt nicht wirklich!	Nö, passt bei mir nicht!
(0 Punkte)	(1 Punkt)	(2 Punkte)	(3 Punkte)
☐	☐	☐	☐

WENN MICH JEMAND LOBT ODER MIR EIN KOMPLIMENT MACHT, IST MIR DAS *peinlich*.

Ganz genau!	Stimmt ein bisschen!	Stimmt nicht wirklich!	Nö, passt bei mir nicht!
(0 Punkte)	(1 Punkt)	(2 Punkte)	(3 Punkte)
☐	☐	☐	☐

WAS SOLL ICH SAGEN? *Ich bin bei anderen wirklich beliebt!*

Ganz genau!	Stimmt ein bisschen!	Stimmt nicht wirklich!	Nö, passt bei mir nicht!
(3 Punkte)	(2 Punkt)	(1 Punkte)	(0 Punkte)
☐	☐	☐	☐

BEI STREITEREIEN GIBT MEISTENS DERSELBE NACH … *nämlich ich!*

Ganz genau!	Stimmt ein bisschen!	Stimmt nicht wirklich!	Nö, passt bei mir nicht!
(0 Punkte)	(1 Punkt)	(2 Punkte)	(3 Punkte)
☐	☐	☐	☐

Was andere über mich denken? DAS BESCHÄFTIGT MICH GANZ SCHÖN.

Ganz genau!	Stimmt ein bisschen!	Stimmt nicht wirklich!	Nö, passt bei mir nicht!
(0 Punkte)	(1 Punkt)	(2 Punkte)	(3 Punkte)
☐	☐	☐	☐

Ganz ehrlich: ICH BIN RICHTIG ZUFRIEDEN MIT MIR, WENN ICH MICH MIT ANDEREN VERGLEICHE.

Ganz genau!	Stimmt ein bisschen!	Stimmt nicht wirklich!	Nö, passt bei mir nicht!
(3 Punkte)	(2 Punkt)	(1 Punkte)	(0 Punkte)
☐	☐	☐	☐

Neue Leute kennenlernen? MACHT MIR NICHT BESONDERS SPASS.

Ganz genau!	Stimmt ein bisschen!	Stimmt nicht wirklich!	Nö, passt bei mir nicht!
(0 Punkte)	(1 Punkt)	(2 Punkte)	(3 Punkte)
☐	☐	☐	☐

Manche Sachen gefallen mir nicht. ABER ICH FIND'S SCHWIERIG, MEINE MEINUNG ZU SAGEN ODER JEMANDEN ZU KRITISIEREN.

Ganz genau!	Stimmt ein bisschen!	Stimmt nicht wirklich!	Nö, passt bei mir nicht!
(0 Punkte)	(1 Punkt)	(2 Punkte)	(3 Punkte)
☐	☐	☐	☐

Ich habe oft Angst, DASS ANDERE MICH DUMM FINDEN KÖNNTEN.

Ganz genau!	Stimmt ein bisschen!	Stimmt nicht wirklich!	Nö, passt bei mir nicht!
(0 Punkte)	(1 Punkt)	(2 Punkte)	(3 Punkte)
☐	☐	☐	☐

DIE ANDEREN HÖREN MEISTENS AUF MICH. **Ich überzeuge sie, wenn ich etwas wirklich will!**

Ganz genau!	Stimmt ein bisschen!	Stimmt nicht wirklich!	Nö, passt bei mir nicht!
(3 Punkte)	(2 Punkte)	(1 Punkt)	(0 Punkte)
☐	☐	☐	☐

„Sich schön zu fühlen hat nichts damit zu tun, wie man aussieht."

Emma Watson,
britische Schauspielerin

AUFLÖSUNG

Eine Sache vorneweg: **NIMM SOLCHE PSYCHO-TESTS NICHT ZU ERNST!** Vielleicht bist du auch ganz anders und die Lösung passt gar nicht zu dir?

0–8 Punkte:

Kann es sein, dass dein Selbstwertgefühl nicht besonders hoch ist? Dass du oft an dir zweifelst – und dich von anderen schnell runterziehen lässt? Das wäre schade! Wer sich einredet, dass er etwas nicht schafft, versucht es oft auch gar nicht. So kann er nie zeigen, was in ihm steckt. **Dabei bist du in Ordnung, genau wie du bist. Schaffst du es, nicht so streng zu dir zu sein?**

9–18 Punkte:

Dein Selbstwert liegt im Mittelfeld. Du bist im Großen und Ganzen mit dir zufrieden. Das ist wunderbar! Du weißt, dass du Stärken und Schwächen hast – genau wie alle anderen Menschen. **Wenn dir etwas wirklich wichtig ist, kannst du dich durchsetzen und für dein Anliegen kämpfen.**

19–24 Punkte:

Eine hohe Punktzahl? An so was bist du gewöhnt! Dir fliegen viele Dinge zu. Und tatsächlich hast du viele gute Eigenschaften. Durch deine offene Art stehst du wahrscheinlich oft im Mittelpunkt. An Selbstbewusstsein mangelt es dir jedenfalls nicht. Pass aber auf, dass du dich nicht überschätzt – und dass du auf andere nicht arrogant wirkst. **Lass auch mal stillere Zeitgenossen zum Zug kommen!**

UND WAS IST JETZT AM BESTEN?

Muss jeder vor Selbstbewusstsein platzen, um gut durchs Leben zu kommen?

SO EINFACH IST DAS NICHT. Wichtig ist nämlich auch, *woher* der Selbstwert stammt. Manche Menschen fühlen sich nur dann gut, wenn sie andauernd Bestätigung von außen bekommen. Und das ist problematisch.

Schau dir diese Sätze an. Treffen manche auf dich zu? **Umrande die Aussagen, die voll auf dich zutreffen, mit Grün, solche, die nur ein bisschen zutreffen, mit Gelb und was gar nicht passt mit Rot.**

„Ich fühle mich vor allem gut, wenn Eltern oder Lehrer mich loben und stolz auf mich sind. Deshalb hänge ich mich richtig rein – in der Schule oder beim Sport."

„Ich fühle mich gut, weil ich anderen überlegen bin."

„Ich brauche die Anerkennung von Gleichaltrigen, um mich gut zu fühlen."

„Ganz ehrlich? Ich fühle mich gut, wenn ich mehr besitze als andere. Das neueste Handy zum Beispiel oder angesagte Klamotten."

„Mein Aussehen ist mir total wichtig und sorgt dafür, dass ich mich gut fühle."

Vielleicht hast du dich (ein bisschen) wiedererkannt. Hut ab, dass du so ehrlich mit dir bist! Überlegenheitsgefühle, Aussehen, Besitz, Lob und Bewunderung sind allerdings keine tollen Selbstwertquellen. Sie machen einen nämlich abhängig. Was ist, wenn der Erfolg plötzlich ausbleibt? Wenn man kritisiert wird oder plötzlich weniger besitzt? Dann fühlt man sich richtig mies.

Was ist stattdessen wichtig?

Psychologen sagen: Wer zufrieden durchs Leben kommen will, muss sich vor allem selbst akzeptieren. **Eigentlich heißt das, dass man sich mag.** Du musst **nicht** erfolgreich, schön und bewundert sein.

Jeder Mensch ist wertvoll, genau SO, wie er ist.

Wirklich wahr!

Bist du unglücklich über Pickel und strähniges Haar? **Dann tröstet dich vielleicht diese Studie.** Sie untersuchte den Selbstwert von älteren Frauen. Im Durchschnitt waren diejenigen mit sich zufriedener, die als Jugendliche nicht gerade umwerfend aussahen. **Warum? Weil Schönheit vergeht ...** und darunter litten viele ehemalige Pausenhof-Models. Wer früher nicht so toll aussah, hatte es meist geschafft, andere Quellen für seinen Selbstwert zu finden.

Servier dir selbst Zitroneneis!

(Oder: Lern, positiv zu denken)

Oft kreist unser Denken um Unerfreuliches, um Probleme – um die sauren Zitronen, die zum Leben gehören. Was gut läuft, finden viele Leute selbstverständlich – und vergessen es (zu) schnell wieder. Das ist ungeheuer schade! **Auch du brauchst weniger Zitronen – und mehr süsses Zitroneneis:** **also erfreuliche Gedanken!**

Manche Psychologen glauben, dass es eine Formel gibt: **Es geht uns richtig gut, wenn wir drei Mal mehr positive Gedanken haben als negative.** Klingt einleuchtend. Aber wo kommen die guten Gedanken her, wenn ein nerviger Montagmorgen ansteht?

Stell dir vor: Du hast schlecht geschlafen, dein Bruder nervt beim Frühstück und du kippst Saft über deinen Pulli. Wahrscheinlich bist du erst mal sauer. **Aber ob du dir den ganzen Tag verderben lässt, liegt nur an dir!**

Du kannst trainieren, positive Gedanken zu haben, indem du auf die vielen erfreulichen Kleinigkeiten achtest, die jeder Tag dir schenkt.

PROBIER'S AUS

Stecke fünf Knöpfe in deine Hosentasche. Und dann achte auf alles Gute, Lustige, Erfreuliche. Vielleicht entdeckst du auf dem Schulweg einen duftenden Strauch. Du kapierst etwas Kompliziertes in Mathe. Oder du lachst dich mit Freunden schlapp. **Sobald du etwas Positives bemerkst, wandert ein Knopf in die andere Tasche.** Wie lange dauert es, bis alle Knöpfe die Seite gewechselt haben?

Die meisten Menschen achten unwillkürlich auf Negatives. In der Urzeit war es wichtig, Gefahren schnell zu erkennen. Vielleicht lauerte damals ja ein Säbelzahntiger im Gebüsch? Heute könnten wir eigentlich entspannter sein. Aber wir sind es nicht. Teils liegt es vielleicht daran, dass Internet und Fernsehen uns mit Katastrophenberichten überfluten. Vor allem aber meckern und jammern viele Menschen eigentlich richtig gerne. Irgendwie verbindet das ja auch: Schüler lästern gemeinsam über unfaire Lehrer, Erwachsene klagen über das Wetter und ihren Dauerstress. **Schluss mit dem Gemotze! Davon fühlt sich niemand besser!**

MACH EINE MECKER-DIÄT

Steck einen Kugelschreiber in die Tasche – und geh aufmerksam durch den Tag. Wann schimpfst du oder stöhnst genervt? Das können nur Gedanken sein („Boah, der Schulbus ist schon wieder so voll!") oder Dinge, die du zu anderen sagst. Mal dir einen kleinen Punkt auf die Hand, wenn du dein Meckern bemerkst. Fortgeschrittene überlegen sich blitzschnell einen positiven „Aber dafür"-Gedanken. („Der Bus ist voll – aber dafür finde ich gleich jemanden zum Quatschen!"). Zähle abends deine Mecker-Punkte. Schaffst du es, tags darauf (noch) weniger zu sammeln?

Macht garantiert fröhlich: Zitroneneis!

Du brauchst:

2 bis 3 (Bio-)Zitronen mit unbehandelter Schale
75 Gramm Zucker
200 Milliliter Sahne
einen Erwachsenen, der dir am Herd hilft

- Reibe bei einer Zitrone die Schale ab.
- Presse die Zitronen aus. Misch in einem Topf 100 Milliliter Zitronensaft mit dem Zucker und der Schale. Lass die Mischung zwei, drei Minuten kochen und dann abkühlen.
- Schlag die Sahne steif und misch sie mit dem Zitronensirup. Gib das Ganze in einen Gefrierbehälter und stell es in den Gefrierschrank. Rühr nach einer Stunde alles mit einem Schneebesen durch. So entstehen weniger Kristalle. Dein Eis ist nach ungefähr drei Stunden fertig.

Alles Ansichtssache!

Denk mal darüber nach: Ist die Welt wirklich genau so, wie du sie siehst? Ein anderer empfindet sie vielleicht ganz anders!

Liegt morgens zum Beispiel eine fette, tote Spinne auf dem Esstisch … dann findest du das vielleicht lustig. Aber dein Vater überhaupt nicht. Oder anders herum!

Die Wirklichkeit ist nie einfach so, wie sie ist. **Du bewertest**, was um dich geschieht, und entscheidest ein Stück weit selbst, wie viel Ärger, Probleme oder Ungerechtigkeiten du sehen willst.

Stell dir vor:

Ein Nachbarsjunge läuft auf dem Schulweg grußlos an dir vorbei. Eigentlich findest du ihn ganz nett. Und früher habt ihr oft zusammen gespielt.

Was denkst du?

„Dieser eingebildete Depp. Tut so, als ob er mich nicht sieht!“

Du bist verletzt. Immer wieder denkst du an den Trottel und nimmst dir vor, nie wieder mit ihm zu reden.

„Ha, wie verpeilt ist der denn! Gleich rennt er gegen einen Pfahl!“

Du grinst und brüllst: „Hey! Alles klar?“ Dein Nachbar dreht sich um und winkt. „Wir müssen uns mal wieder treffen!“, ruft er.

Dieselbe Situation kann dazu führen, dass du dich den ganzen Morgen herumärgerst oder dass du beschwingt zur Schule gehst. Das Beispiel zeigt: **Deine Welt verändert sich tatsächlich ein bisschen, je nachdem, wie dein Blickwinkel auf sie ist … wie du über die Dinge denkst.**

Weitere Beispiele gewünscht?

- **Lächel jemanden an. Fast immer lächelt er zurück!**
- **Wenn du jemanden gut leiden kannst, spürt er das – und ist meist auch netter zu dir.**

Aber es funktioniert auch andersherum:

- **Wer denkt, dass andere ihn nicht mögen, wirkt oft verkrampft und muffelig. Dann sind andere tatsächlich nicht gern mit ihm zusammen.**

Sorgen und Ärger entstehen oft, obwohl gar nichts wirklich Dramatisches passiert ist. Wir **bewerten** etwas als besorgniserregend oder ärgerlich. Aber oft wäre dasselbe Ereignis aus einem anderen Blickwinkel betrachtet gar nicht so schlimm.

PROBIER'S AUS

Nicht alles läuft nach Plan. **Aber Muffel-Gedanken helfen dann nicht weiter.** Streich sie durch! Fällt dir etwas Positives oder Lustiges ein?

Es regnet vor dem Hockeyspiel.

- ~~„War ja klar. Samstag schüttet es immer!"~~
    - **SCHLAMMSCHLACHTEN HABEN WIR BISHER IMMER GEWONNEN!**

Der neue Englischlehrer ist streng.

- „Der Typ hasst Kinder! Und mich ganz besonders!"
    - ....

Es gibt zerkochten Rosenkohl zum Abendessen.

- „Igitt! Ich hasse grünes Matschgemüse!"
    - ....

Aus dem Zimmer deiner Schwester wummert laute Musik.

- „Typisch. Die macht das extra, um mich zu ärgern!"
    - ....

Der Bus hat Verspätung.

- „Na super. Immer, wenn ich's eilig habe!"
    - ....

Nach Schätzungen sausen uns **täglich um die 50.000 Gedanken** durch den Kopf! Längst nicht alle sind wichtig. Oft hängen sie auch gar nicht richtig zusammen. Wir springen gedanklich hin und her wie Affen im Urwald. Manche Gedanken sind wie unerwünschte Werbeanzeigen im Internet: Sie ploppen auf, aber man will sie nicht. Leider lassen sie sich nicht einfach wegklicken.

Solche **„GEDANKEN-POP-UPS"** können unangenehm, gemein oder peinlich sein. Aber sie sind völlig normal. Jeder hat sie und sie lassen sich kaum unterdrücken. Je mehr du denkst, dass du etwas nicht denken sollst, desto schneller kommt es dir wieder in den Sinn.

PROBIER'S AUS

Versuch mal, eine Minute lang NICHT an einen grünen Elefanten mit riesigen Segelohren zu denken. Kein grüner Elefant! Keinesfalls! NICHTS ELEFANTIGES!

- [ ] Hat geklappt!
- [ ] Nichts zu machen. Ich musste immer wieder an den grünen Elefanten denken!

Mit unangenehmen Gedanken-Pop-Ups musst du also leben. Trotzdem ist es *dein* Kopf. Du bist wie ein Jury-Mitglied, das entscheidet, ob ein Gedanke etwas taugt. **Stell dir vor, du hättest einen dicken roten Buzzer-Knopf, genau wie im Fernsehen. Schießt dir wieder mal ein zweifelhafter Gedanke durch den Kopf, frag dich:**

1. STIMMT DER GEDANKE EIGENTLICH?

2. HILFT MIR DER GEDANKE?

Wenn nicht … BEEEEEP! Hand auf den Buzzer! Entlarvt! Du darfst dir gratulieren, denn du hast ein nutzloses Gedanken-Pop-Up entdeckt.

Der Buzzer-Knopf ist wichtig. Denn gerade falsche und sinnlose Gedanken entwickeln gern ein Eigenleben. Wenn du sie nicht entlarvst, beginnen sie manchmal, im Kopf zu kreisen. Dann grübelst du und die Quatschgedanken werden immer größer.

DU MACHST SIE GRÖSSER! Womöglich schmückst du sie aus und erfindest immer weitere unangenehme Details dazu, bis du dich richtig schlecht fühlst. **STOPP!**

Du kannst zwar kaum verhindern, dass lästige Gedanken aufploppen. Aber eigentlich sind sie harmlos – **solange du sie nicht aufbauschst, weiterdrehst und immer schlimmere Geschichten um sie herum erfindest.**

ALLE GEFÜHLE SIND OKAY

Zurück zu unserem Zitroneneis! Es geht dir also besser, wenn du dich auf das Positive um dich herum konzentrierst, wenn du viele gute Gedanken zulässt. **Das heißt aber nicht, dass du dich von morgens bis abends zu einem Dauergrinsen zwingen sollst. Überhaupt nicht!**

STELL DIR VOR, JEMAND SAGT ZU DIR:

„Dein Meerschweinchen ist tot!“

„Ich schicke deiner ganzen Klasse das peinliche Foto, auf dem du schläfst und auf dein Kissen sabberst!“

„Zum Abendessen gibt's frittierte Froschschenkel!“

Es wäre doch verrückt, wenn du dann noch immer fröhlich grinsen würdest. Wahrscheinlich wärst du traurig … wütend … oder du würdest laut **„IGitt!“** schreien (und dem Froschschenkel-Koch mal etwas über Tierschutz erzählen).

Es ist gut, dass du verschiedene Gefühle für verschiedene Situationen besitzt. Manche von ihnen sind nicht angenehm. Aber sie alle haben eine Funktion – und wollen dir letztlich helfen.

Traurigkeit lässt dich Dinge verarbeiten, die du leider nicht ändern kannst. Den Tod deines Meerschweinchens zum Beispiel. Oder die riesige Enttäuschung, weil du am Geburtstag krank bist und dein Fest abgesagt wird. **Wenn du trauerst, wird der Schmerz langsam schwächer.**

Wut bricht los, wenn sich etwas falsch für dich anfühlt, ungerecht und gemein. Etwas, was du ändern kannst. **Die Wut gibt dir einen Tritt in den Hintern und sagt: Mach was!** Wehr dich zum Beispiel, wenn dein Bruder peinliche Sabber-Fotos von dir verschicken will!

Ekel sorgt dafür, dass du dich **von Dingen fernhältst, die dich womöglich krank machen könnten oder die schlecht für dich sind:** verschimmelter Joghurt, vollgerotzte Taschentücher deines Banknachbarn oder Eiterwunden …

Angst **kann dich beschützen**: Sie hält dich davon ab, spaßeshalber aus dem dritten Stockwerk zu hüpfen oder ein Lagerfeuer im Wohnzimmer anzuzünden.

Freude zeigt dir, was dich glücklich und zufrieden macht. Sie ist wie ein kunterbuntes Hinweisschild, das dir sagt: **„Bitte tu das möglichst häufig!“**

Das sind einige der **„Basis-Emotionen“**. Aber natürlich kannst du noch viel mehr fühlen, zum Beispiel Scham, Überraschung, Schmerz, Erleichterung, Entsetzen …

Manche Leute unterdrücken unangenehme Gefühle. Aber so stauen sie sich auf und werden noch größer. Was kannst du also stattdessen tun? **Tief durchatmen.** Nachdenken, wie das Gefühl dir helfen will. Mit jemandem reden. **Und du kannst sicher sein: Unangenehme Gefühle verebben wieder von selbst, wenn du sie jetzt eben zulässt.**

ERWACHSENEN-QUATSCH

Es gibt viele dumme Sprüche, die Erwachsene sagen. Vielleicht fordern sie dich manchmal dazu auf, deine Gefühle zu unterdrücken. Diese Sätze kannst du aus deinem Gedächtnis streichen:

„Jetzt stell dich nicht so an!“

„Kein Grund zum Heulen!“

„Schau nicht so böse!“

„Darum muss man doch nicht traurig sein.“

Danke, Danke, Danke!

"Uuund? Wie sagt man?" Das hast du früher sicher oft gehört. Kleinen Kindern bringt man bei, dass sie brav „Danke!" sagen sollen – auch wenn ihnen die Nachbarin nur einen staubtrockenen Keks gibt.

Vielleicht empfindest du das „**Danke!**" als eine lästige Pflicht. Du murmelst es eben, weil es sich so gehört. Doch richtige Dankbarkeit ist etwas anderes. Bei der geht es nicht um Krümelkekse, **sondern um deine eigene Haltung im Leben: Schätzt du das Gute, das du (hoffentlich!) jeden Tag siehst, fühlst und erlebst? Oder bist du häufig unzufrieden und schielst oft auf Dinge, die du nicht hast?**

Psychologen glauben: Zufriedenheit und echte Dankbarkeit hängen eng miteinander zusammen. Wer dankbar auf sein Leben schaut, ist ausgeglichener, fühlt sich weniger gestresst und kann besser mit Problemen umgehen. **Klingt super, nicht wahr?**

Mit der **Dankbarkeit** ist es ähnlich wie mit guten Gedanken: Manchmal empfindest du sie sicherlich ganz automatisch. **Aber man kann Dankbarkeit auch richtig trainieren und verstärken.**

Wie das geht? Viele Leute schwören auf „**Dankbarkeitstagebücher**". Ihre Wirksamkeit ist gut erforscht. In einer Studie beispielsweise mussten Testpersonen jede Woche aufschreiben, wofür sie in ihrem Leben dankbar waren. Eine zweite Gruppe notierte hingegen ärgerliche Dinge. Und eine dritte Gruppe beschrieb einfach Erlebnisse aus ihrem Alltag. Nach zehn Wochen zeigte sich: Wer ein Dankbarkeitstagebuch führte, war optimistischer und fühlte sich besser. Er trieb sogar mehr Sport!

> **„Nicht die Glücklichen sind dankbar. Es sind die Dankbaren, die glücklich sind."**
>
> **Francis Bacon,**
> englischer Philosoph

Natürlich ist ein „Dankbarkeitstagebuch" kein Wundermittel, das jeden Menschen zufrieden macht. Aber es lohnt sich, es auszuprobieren.

So sagt man „Danke" in anderen Sprachen:

tibi gratias ago
(Lateinisch)

aitäh
(Estnisch)

efcharistó
(Griechisch)

hvala
(Bosnisch)

dhanyawad
(Hindi)

dank je wel
(Niederländisch)

MERCI
(Französisch)

THANKS
(Englisch)

BAYARLALAA
(Mongolisch)

arigatô
(Japanisch)

tak
(Dänisch)

GRAZIE
(Italienisch)

DZIĘKUJĘ
(Polnisch)

asante
(Swahili)

ngiyabonga
(Zulu)

gracias
(Spanisch)

kop khun
(Thailändisch)

spasibo
(Russisch)

TEŞEKKÜR EDERIM
(Türkisch)

PROBIER'S AUS

Nicht nur Dankbarkeit und gute Gedanken machen glücklich – sondern auch Umarmungen. Das ist wissenschaftlich erwiesen. Für eine Studie mussten amerikanische Studenten täglich mindestens fünf Menschen fest in den Arm nehmen oder sich selbst umarmen lassen. Nach vier Wochen stand fest, dass sie deutlich ausgeglichener waren als Studenten aus einer Vergleichsgruppe.

Schreib dich glücklich

Bastel' ein Dankbarkeitstagebuch!

Hast du ein leeres Notizbuch oder Schulheft zur Hand?
Verziere den Umschlag und bereite einen Teil der Seiten vor.
Lass Platz für das Datum und für drei (oder fünf!) Dinge, für die du dankbar bist. Du kannst auch noch mehr auf den Seiten unterbringen: einen Smiley ohne Gesicht, in dem du später deine Laune einzeichnest. Oder eine Ankreuzliste mit positiven Dingen, die du vielleicht gemacht hast.

Datum:

Dafür bin ich heute dankbar:

1.

2.

3.

So war meine Laune:

(Zeichne dein Gesicht ein.)

Das habe ich heute gemacht:

- ☐ etwas gelernt
- ☐ laut gelacht
- ☐ etwas Neues probiert
- ☐ jemandem geholfen
- ☐ jemandem etwas Nettes gesagt
- ☐ ....

Wie oft?

Psychologen sind sich uneinig, wann ein Dankbarkeitstagebuch am besten funktioniert: Soll man jeden Abend reinschreiben – oder nutzt sich das Dankbarkeitsgefühl dann zu schnell ab? Manche Experten glauben, dass eine tägliche Routine wichtig ist. Andere finden, dass man nur ein Mal pro Woche zum Tagebuch greifen und dann gut nachdenken soll. Probier aus, was sich für dich am besten anfühlt.

Dir fällt sicher viel mehr ein, wofür du dankbar bist. Aber hier sind ein paar Ideen.

- für das spannende Buch, das du gerade liest
- für ein frisch bezogenes, kuscheliges Bett
- für das Sushi, das dein Vater heute extra gerollt hat (mjam!)
- überhaupt fürs Essen. Du hast immer genug!
- für einen Song, den du heute entdeckt hast
- für deinen besten Freund/deine beste Freundin
- weil du zwar vom Fahrrad gefallen bist, dir aber nicht ernsthaft wehgetan hast
- für deine eigenwillige Katze
- für deinen Trainer, der dich immer aufmuntert
- für euer Haus/eure Wohnung
- für deine Gesundheit
- weil dir jemand bei den Hausaufgaben hilft
- für Schokolade
- für die verschobene Englisch-Arbeit
- für das witzige Spiel, das ihr euch für die große Pause ausgedacht habt
- für die warme Dusche
- für deine Eltern, die immer für dich da sind
- dafür, dass bei uns Friede herrscht
- für Sonne am Wochenende
- für die neuen Turnschuhe
- für deine lieben Großeltern
- weil du den verlorenen Schlüssel wiedergefunden hast
- dafür, dass du ausgerechnet in … wohnen darfst

Für Schreibmuffel

Du kannst dir auch angewöhnen, jeden Abend im Bett kurz darüber **nachzudenken,** was tagsüber gut gelaufen ist und wofür du dankbar bist. **SÜSSE TRÄUME!**

Lass den Druck raus!

(oder: weniger Schulstress für alle)

Drrrriiing! Der Wecker klingelt und dir bleibt keine Wahl: Du musst jetzt aufstehen und zur Schule. Gehst du insgesamt gerne hin – zumindest, wenn du mal wach bist? Oder leidest du unter Schulstress?

Mach den Test! Je mehr Blitze du anmalst, desto eher stimmst du der Aussage zu.

(3 Blitze heißen also: Ja, stimmt genau!
0 Blitze bedeuten: Nö, das passt bei mir nicht!)

Morgens wache ich auf – und fühle mich sofort elend, weil ich in die Schule muss.

Vor Klassenarbeiten bin ich schrecklich angespannt. Oft ist mir richtig übel.

Mit meinen Eltern zoffe ich mich oft wegen der Schule. Es ist unser Streitthema Nummer 1!

Der Schulkram frisst all meine Zeit. Mir bleibt keine Minute mehr für mich.

Ich hasse Hausaufgaben oder das Lernen am Nachmittag aus ganzem Herzen!

Ich will meine Eltern und Lehrer nicht enttäuschen. Das macht großen Druck.

An Schultagen bin ich müde und gereizt. Oft habe ich sogar Kopf- oder Bauchweh.

Zähle, wie viele Blitze du angemalt hast.
Die Auflösung steht auf der nächsten Seite!

Was ist eigentlich Stress?

Stress ist an sich nichts Schlimmes: Er lässt dein Herz pochen, sodass es mehr Blut in deine Muskeln pumpt. Sogenannte „Stresshormone" rauschen durch deinen Körper. Diese Botenstoffe machen dich hellwach, kampfbereit und können sogar deine Denkleistung verbessern. **Gar nicht schlecht vor einer wichtigen Klassenarbeit!** Aber es ist wichtig, dass der Stress nicht überhandnimmt. Denn dann ist der Körper dauernd im Alarmzustand. Irgendwann kann das dazu führen, dass man häufig unter Kopfweh leidet, schlecht schläft, lustlos, ängstlich oder aggressiv wird … **und sich einfach mies fühlt.**

Arme Schüler

Vier von zehn Schülern klagen über Schulstress. Das zeigt eine Umfrage, die unter mehreren Tausend Fünft- bis Zehntklässlern durchgeführt wurde. Insgesamt scheinen Mädchen stärker zu leiden. Je älter die Schüler werden, desto mehr nimmt die Belastung zu.

> „Der Sinn des Lebens besteht nicht darin, ein erfolgreicher Mensch zu sein, sondern ein wertvoller."
>
> **Albert Einstein,**
> Physiker

Auflösung des Schulstress-Tests von Seite 30/31:

0 bis 6 Blitze

Da hast sicher nichts gegen Ferien. Aber du findest es auch gar nicht schlimm, wenn gerade Schule ist. Insgesamt gehst du nämlich ganz gerne dorthin. Das ist toll! Du triffst deine Freunde, lernst viel Neues, erträgst die langweiligeren Teile. **Und wenn etwas mal nicht so gut läuft, lässt du dich nicht aus der Bahn werfen.**

7 bis 13 Blitze

Die Schule ist kein großes Drama für dich. Aber richtig entspannt bist du auch nicht. Wahrscheinlich gibt es Phasen, in denen alles ganz okay läuft – und Zeiten, in denen du unter dem Schulstress leidest. Kannst du überlegen, woran das liegt? Gibt es Konflikte in der Klasse? Sorgst du dich wegen deiner Noten? Machen deine Eltern Stress? Oder setzt du dich selbst unter Druck, weil du alles noch besser machen willst? **Je eher du erkennst, was den Stress auslöst, desto eher kannst du ihn bekämpfen.**

14 bis 18 Blitze

Hast du im Test ein bisschen übertrieben – oder macht die Schule dich wirklich tief unglücklich? So hört es sich nämlich an. Und das wäre natürlich furchtbar. Schließlich musst du viel Zeit in der Schule verbringen. Wenn du wirklich unter der Situation leidest, solltest du Hilfe suchen. Das ist natürlich nicht einfach. Aber versuche unbedingt, mit deinen Eltern zu sprechen, mit deinem Klassenlehrer, einem Vertrauenslehrer oder einem anderen Erwachsenen. **Falls du dich niemandem anvertrauen kannst, gibt es auch das Kinder- und Jugendtelefon, das Anrufer anonym und kostenlos berät.** (www.nummergegenkummer.de)

Was magst du an deiner Schule (und was nicht)?

Heute darfst du mal Noten verteilen!

Zeugnis für Schule:

....

(Name eintragen)

Note fürs Schulgebäude: ....

Sympathie-Note für meine Klasse: ....

Pausenspaß: ....

Freizeit-Aktivitäten: ....

Lautstärke in unserem Klassenzimmer: ....

Fach 1: ....

So viel lernt man: .... Spaß: ....

Note für den Lehrer: ....

Fach 2: ....

So viel lernt man: .... Spaß: ....

Note für den Lehrer: ....

Fach 3: ....

So viel lernt man: .... Spaß: ....

Note für den Lehrer: ....

Klopf dir ruhig selbst auf die Schulter! Du leistest nämlich täglich eine ganze Menge. Spätestens ab 8 Uhr sitzt du im Klassenzimmer und legst los. Den ganzen Morgen konzentrierst du dich auf verschiedene Fächer. Du schaffst es, halbwegs mit Lehrern und Klassenkameraden auszukommen. (Und manche von ihnen machen dir das nicht gerade leicht!) Nachmittags kümmerst du dich um die Hausaufgaben oder übst für Klassenarbeiten. *Ist doch toll, wie du das hinkriegst!*

Vielleicht hast du trotzdem das Gefühl, dass das alles nicht reicht. Wissenschaftler warnen: Seit Jahren wird der Leistungsdruck für Schüler immer größer. Oft tragen Väter und Mütter dazu bei. Vielleicht betonen auch deine Eltern wieder und wieder, wie ungeheuer wichtig Noten sind. Ist ja auch logisch: Sie wollen, dass du eine gute Ausbildung bekommst und später einen spannenden Beruf findest.

Aber trotzdem. Es ist **dein** Leben. Du machst die Schule nicht für deine Eltern – sondern für dich. Vieles, was du jetzt lernst, wirst du später brauchen. **(Doch! Wirklich!)** Überleg dir also, ob du dich nicht wirklich ernsthaft reinhängen solltest … **und zwar dir zuliebe.** Nicht, weil deine Eltern nörgeln.

PROBIER'S AUS

Fragestunde! Löcher deine Eltern und andere Erwachsene. Welche Fächer fanden sie in der Schule schwierig – und warum? Haben Eltern ihnen oft geholfen oder viel Druck gemacht? Was ist aus den Mitschülern geworden, die die tollsten Noten hatten – und was aus denen, die sich schwergetan haben? Welche Berufe haben sie alle erlernt? Wer wirkt heute zufrieden mit seinem Leben?

Mach dir klar: Du kannst und musst nicht in allem großartig sein. Das geht gar nicht. Und wenn du kein Einser-Zeugnis hast, heißt das auf keinen Fall, dass später „aus dir nichts wird".

Niemand weiß genau, was in der Arbeitswelt gefragt ist, bis du erwachsen bist. Sehr gute Noten zeigen vor allem: Jemand hängt sich rein, ist fleißig – und womöglich begreift er manches besonders schnell. Das ist großartig, keine Frage. Aber es ist längst nicht alles. **In manchen Berufen ist es genauso wichtig, dass man ein guter Teamworker ist oder dass man selbstbewusst vor anderen reden kann, dass man im Chaos den Überblick behält, dass man ungewöhnliche Ideen hat.**

„Du bist mutiger, als du glaubst, stärker, als du scheinst und intelligenter, als du denkst."

Christopher Robin im Film „Winnie Puuh auf großer Reise"

ALSO: Nimm die Schule ernst. Aber glaub vor allem fest an dich!
Du wirst deinen Weg ganz sicher machen.

Viele Prominente hatten Probleme in der Schule

- Der ehemalige Bundespräsident **Christian Wulff** hatte eine 6 in Französisch und ist deshalb sitzen geblieben.
- **Thomas Mann** schaffte nur mit Mühe die Mittlere Reife. Später wurde er ein berühmter Schriftsteller – und gewann den Nobelpreis.
- TV-Moderator **Johannes B. Kerner** musste wegen Schwierigkeiten in Chemie und Physik die 8. Klasse wiederholen.
- **Winfried Kretschmann**, der Ministerpräsident von Baden-Württemberg, wiederholte die 11. Klasse. Er sagt heute, dass man Zeugnisse ernst nehmen, aber nicht überbewerten soll.

Gleichgültig, ob du ein Überflieger in der Schule bist oder ob du dir schwertust:
Dein Zeugnis bewertet nur einen winzigen Teil deiner Fähigkeiten.
In dir steckt schließlich noch viel mehr!

Verleih dir Medaillen …

… für deine guten Eigenschaften.

Male den Medaillen-Rand mit Bleistift an, wenn du für etwas Silber verdienst. Nimm einen gelben Stift, wenn du dir Gold verleihst. Schreib weitere gute Eigenschaften in die leeren Medaillen.

Ich kann mich gut in andere einfühlen.
Ich bin kreativ, künstlerisch oder musikalisch.
Ich habe viele Interessen.
Ich bin hilfsbereit.
Ich bin genau und gewissenhaft.
Ich bin ein echter Teamworker.
Ich kann gut Dinge erklären.

Ist „Gut“ nicht gut genug?

Viele Erwachsene sagen mit einem gewissen Stolz, dass sie „Perfektionisten“ sind. Kennst du das Wort? Es heißt, dass man hohe Ansprüche an sich und an andere stellt und alles nicht nur gut machen will, sondern möglichst perfekt!
Wie klingt das für dich? Kreuz an!

- ☐ Grauenhaft!
- ☐ Ein bisschen übertrieben. Nichts und niemand ist perfekt.
- ☐ Es stimmt. Nur mit dieser Einstellung kommt man weiter!

Keine der Antworten ist eindeutig falsch oder richtig.
Es spricht an sich nichts dagegen, wenn jemand das Beste aus sich herausholen will. Wahrscheinlich würden wir heute noch immer in Steinzeithöhlen hausen, wenn alle Menschen immer nur **„Passt schon!“** gesagt und sich faul auf ihr Bärenfell gelegt hätten. Und niemand von uns würde in ein Flugzeug steigen, das nicht mit größter Sorgfalt von Perfektionisten gebaut worden ist.

Aber zu viel Perfektionismus kann ungesund sein:
Manche Menschen leiden unter dauernden Schuldgefühlen …
Denn in Wahrheit kann natürlich niemand auf allen Gebieten fehlerlos sein.

Woran erkennst du, dass du ZU perfektionistisch bist?

☐ Gibt es für dich nur „richtig gut“ oder „schlecht“, aber keine Zwischentöne? Also keinen Trost wie: „Ich hab zwar nicht alles hinbekommen, aber immerhin einiges, und das ist ja auch in Ordnung“?

☐ Kannst du Erfolge genießen? Oder denkst du dann sofort an den nächsten Schritt, an die nächste Hürde, die dir bevorsteht?

☐ Hast du insgeheim das Gefühl, nicht zu genügen, nie gut genug zu sein?

☐ Glaubst du, dass andere dich weniger schätzen würden, wenn dir Dinge nicht gelingen, deine Eltern oder Lehrer zum Beispiel?

☐ Verschiebst du Aufgaben wieder und wieder – nicht, weil du faul bist, sondern aus Angst, sie nicht gut genug zu erledigen?

Ein kleiner Trost, falls du zu den besonders ehrgeizigen Perfektionisten zählst: **Du bist in guter Gesellschaft.** Gerade unter jungen Leuten gibt es heute viel mehr Perfektionisten als früher. Sie fühlen stärkeren Druck, in ihrer Ausbildung besonders gut abzuschneiden – aus Angst, dass sie sich sonst ihre ganze Zukunft verbauen. Auch das Internet macht ihnen das Leben schwer: Sie vergleichen sich häufig mit anderen, die scheinbar alles mühelos hinbekommen. **(Dabei sieht das natürlich nur so aus!)**

Ein Rat, den Psychologen geben, ist: Man kann lernen, nicht so streng mit sich umzugehen. **Milde mit sich zu sein, wie mit einem guten Freund. Dem nimmt man es auch nicht übel, wenn ihm etwas nicht hundertprozentig gelingt.**

Weniger Schulstress? So schaffst du's!

Vielleicht würdest du gerne etwas ändern, willst deine Schultage entspannt beginnen oder effektiver lernen, ohne dass es deshalb mehr Zeit in Anspruch nimmt.

Dann probier doch mal aus, ob diese **„Challenges“** etwas für dich sind. Wenn du sie meisterst, springt vielleicht sogar eine Belohnung für dich heraus! (Schau mal auf Seite 43)

Challenge 1: Umarme den Morgen

Starte entspannt in die Schule. Pack deinen Rucksack schon abends. Leg deine Kleider, den Turnbeutel und alles andere bereit, das du brauchst. Stehe so früh auf, dass du gemütlich frühstücken kannst und in Seelenruhe zur Schule aufbrichst. **Wenn du den Morgen pfeifend, ohne Gemecker und mit gut gefülltem Magen beginnst, hast du die Challenge geschafft.**

Geschafft am ....

So war dann der Rest des Schultags: ....

Geschafft am ....

So war dann der Rest des Schultags: ....

Geschafft am ....

So war dann der Rest des Schultags: ....

Challenge 2: Trickse die Langeweile aus

Der Lehrer labert und labert – und die Zeit steht still? Das ist ätzend. **Aber die Stunde vergeht schneller, wenn du wirklich zuhörst und nicht nur aus dem Fenster starrst.**

Denk wirklich mit und melde dich mehrmals. Das spart auch Zeit, wenn du den Stoff später wiederholen musst. Forscher haben gezeigt: Wer sich häufig im Unterricht langweilt, hat im Durchschnitt schlechtere Noten.

Geschafft am ....

So war dann der Rest des Schultags: ....

Geschafft am ....

So war dann der Rest des Schultags: ....

Geschafft am ....

So war dann der Rest des Schultags: ....

Challenge 3: Leg einen Turbo-Start hin

Heute beginnst du SOFORT, wenn ihr in der Schule Aufgaben lösen oder etwas abschreiben sollt. Auch wenn der Stift nicht gespitzt ist. Auch wenn es noch nicht leise ist. Auch wenn dein Nachbar etwas will. Du bist viel schneller fertig, wenn du direkt und konzentriert beginnst.

Geschafft am ....

So war dann der Rest des Schultags: ....

Geschafft am ....

So war dann der Rest des Schultags: ....

Geschafft am ....

So war dann der Rest des Schultags: ....

Challenge 4: Gut geplant ist halb gewonnen

Eine schwierige Klassenarbeit steht an? Schau mindestens eine Woche im Voraus, welcher Stoff drankommt. Falls du unsicher bist, frag deinen Lehrer, was du üben sollst. Dann mach einen schriftlichen Plan: Unterteile den Stoff in kleine „Lernpakete". Schreib auf, was du an welchem Tag üben willst und wie lange. Plane genug Zeit ein, um das Gelernte mehrmals zu wiederholen. Dann häng den Plan gut sichtbar auf. Streich jeden Tag durch, an dem du nach deinem Plan gelernt hast … **und freu dich über deine Fortschritte.**

Diese Klassenarbeit werde ich gründlicher planen: ....

....

So zufrieden bin ich mit meiner Vorbereitung (am Tag vor der Arbeit ausfüllen):

....

Hat sich das Planen gelohnt? (nach der Arbeit ausfüllen): ....

....

Challenge 5: Bekämpf den inneren Schweinehund

„Ja, gleich! Jetzt muss ich schnell noch …!" Schiebst du Lästiges wie Hausaufgaben gern vor dir her – und fühlst dich dabei selbst nicht wohl? **Heute machst du's anders.** Schreib auf, um wie viel Uhr du beginnen willst. Und dann hältst du dich daran, auf die Minute.

Ich fange heute an um .... **Uhr.** Geschafft? ☐ Ja ☐ Nein
Ich fange heute an um .... **Uhr.** Geschafft? ☐ Ja ☐ Nein
Ich fange heute an um .... **Uhr.** Geschafft? ☐ Ja ☐ Nein

Challenge 6: Erspare dir Eltern-Gezeter

Oft kommt es zum Knatsch, wenn Eltern beim Lernen helfen. **Aber nicht (mehr) bei euch! Besprich deinen guten Vorsatz mit deinem Vater oder deiner Mutter und schaut die Aufgaben durch:** Du entscheidest, was du allein machen willst und wo Hilfe gut wäre. Ihr habt die Challenge bestanden, wenn heute niemand meckert, schimpft oder mit Türen schlägt. Und wenn die Hausaufgaben halbwegs ordentlich erledigt sind.

Geschafft am ....

Es war schwieriger für ☐ mich ☐ oder für meine Eltern

Geschafft am ....

Es war schwieriger für ☐ mich ☐ oder für meine Eltern

Geschafft am ....

Es war schwieriger für ☐ mich ☐ oder für meine Eltern

TÄTÄTÄTÄ! UND HIER KOMMT DEINE BELOHNUNG

Natürlich geht's hier ja um dich. Du tust dir selbst einen Gefallen, wenn das Lernen möglichst stressfrei läuft. Aber wahrscheinlich unterstützen deine Eltern das gern. **Frag doch mal nett, ob du dir eine Belohnung aussuchen darfst, falls du eine oder mehrere Challenges schaffst!**

- Es gibt dein liebstes Lieblingsessen. Und Nachtisch!
- Du darfst einen Tag lang „Runzelpups" rufen – und damit alle langweiligen Anfragen ablehnen (Tisch decken, Zimmer aufräumen oder ähnliches)
- Kinoabend zu Hause – mit Popcorn
- Selbst ausgedachte Belohnung, nämlich: ....

Lerntechniken und Lerntricks

Es nützt ja nichts: Du musst den Schulstoff büffeln, ob du willst oder nicht. Aber wäre es nicht toll, wenn das weniger Zeit und Mühe kosten würde – mit einem besseren Ergebnis? Bestimmte Techniken können dir dabei helfen.
Probier aus, was für dich funktioniert!

Verrückte Eselsbrücken

Manche Fremdwörter wollen einfach nicht im Kopf hängen bleiben. Such dann nach einem deutschen Wort, das ähnlich klingt. „Lohn" heißt auf Englisch zum Beispiel „salary" … Das klingt wie „Sellerie", nicht wahr? Male dir bildlich aus, wie deine Mutter am Monatsende wütend mit grünem Sellerie nach Hause kommt. Als „Lohn" für ihre Arbeit hat sie nur dieses langweilige Gemüse bekommen! Nach wenigen Wiederholungen hast du dir das Wort „salary" gemerkt.

Erlaubter Spickzettel

Natürlich sollst du nicht schummeln. Schreib trotzdem einen Spickzettel! Auf ihm fasst du das Wichtigste zusammen, das du für die Klassenarbeit wissen musst. Dadurch wiederholst du den Stoff. Du filterst heraus, was du schwierig findest, fasst alles in eigenen Worten zusammen. Dadurch merkst du es dir besser. Lies den Spickzettel vor der Arbeit nochmals konzentriert durch. Dann kannst du ihn beruhigt wegwerfen.

Schlaue Liste

Mach dir einen schriftlichen Plan, bevor du mit den Hausaufgaben beginnst: Was muss gemacht werden? Wie lange wirst du dafür ungefähr brauchen? Größere Aufgaben kannst du auch in verschiedene Portionen unterteilen. Vokabeln merkst du dir zum Beispiel leichter, wenn du erst fünf bis zehn übst, dann etwas anderes machst, dann weitere fünf bis zehn Vokabeln übst, etwas anderes machst ... und zum Schluss alle Wörter wiederholst. Wenn du etwas geschafft hast, darfst du es auf der Liste abhaken. Und ganz wichtig: Plane Pausen ein! Arbeite 20 Minuten konzentriert und dann stoppe für 5 Minuten. Steh auf, trink etwas, schau aus dem Fenster. Anschließend geht es sofort wieder weiter. Ein Timer kann dir helfen, die Zeit einzuteilen.

Klassenarbeiten besser bewältigen

Positive Gedanken helfen vor schwierigen Klassenarbeiten. Sag dir: „Ich habe gelernt. Ich kann das!" und atme tief ein und aus. Dann liest du gründlich die Aufgaben durch, am besten mehrmals. Falls etwas unklar bleibt: Frag deinen Lehrer! Das ist nicht peinlich, sondern schlau. Beginne mit den Dingen, die du gut lösen kannst. Decke mit einem Blatt die Aufgaben ab, die später drankommen – dann kannst du nicht verrutschen. Nutze am Ende unbedingt die übrige Zeit. Du findest sicher noch Flüchtigkeitsfehler, die du leicht vermeiden kannst. Bei Diktaten hilft es zum Beispiel, den Text Wort für Wort rückwärts zu kontrollieren. So liest du nicht automatisch über Fehler hinweg.

Drück auf die Pause-Taste!

(Oder: Wieso weniger manchmal mehr ist)

Wie viel Zeit hast du für dich und deine Hobbys?

Füll diesen Wochenplan aus!

Zeichne **ROT** ein, wann du täglich in der Schule bist, Hausaufgaben machst oder lernst.

BLAU steht für feste Hobbys.

GRÜN sind deine Essenszeiten.

Im Lauf der Woche kannst du abends die verbliebenen Lücken füllen.

Zeichne **Braun** ein, wann du ferngesehen, Computer gespielt oder am Handy gedaddelt hast.

Markiere **Orange**, wenn du dich mit Freunden getroffen hast.

Gelb füllst du Zeit aus, die du für dich hattest, etwa zum Lesen oder Spielen.

Dein Wochenplan

	Montag	Dienstag	Mittwoch	Donnerstag	Freitag	Samstag	Sonntag
6 Uhr							
7 Uhr							
8 Uhr							
9 Uhr							
10 Uhr							
11 Uhr							
12 Uhr							
13 Uhr							
14 Uhr							
15 Uhr							
16 Uhr							
17 Uhr							
18 Uhr							
19 Uhr							
20 Uhr							
21 Uhr							

Wahrscheinlich hast du ein oder mehrere Hobbys, die du nach der Schule machst. Sport, Musik, Kreatives … es gibt so viele Möglichkeiten!

Manche Kinder und Jugendliche haben ein richtig volles Programm. Das ist nicht unbedingt schlimm. **Wer (meist) gut gelaunt durch den Alltag kommt, macht alles richtig.**

Aber manchmal lädt man sich zu viel auf. Dann hetzt man von einem Termin zum anderen, obwohl man gar nicht richtig Spaß dabei hat. Man ist erschöpft, frustriert und wünscht sich sehnlich, einfach öfter zu Hause abzuhängen oder sich spontan mit Freunden treffen zu können. **In Freizeit steckt schließlich das Wörtchen „frei"!**

Schau dir in Ruhe deinen Wochenplan von S. 46/47 an. Ist alles in Ordnung so? Hast du genug gelbe, orange und braune Inseln? Oder findest du deine Tage eher zu stressig und sehnst dich nach mehr unverplanter Zeit?

Falls du unzufrieden bist, solltest du den Hobby-Check ausfüllen. Vielleicht gibt es eine Aktivität, die dir besonders wenig Freude macht.

Hobby-Check

Hobby: ……………………………………………………………………

Wie viel Spaß macht es? Kommst du hinterher nach Hause – und bist richtig zufrieden?
……… (Note 1 bis 6 einfüllen)

Lernst du Fähigkeiten, die du gerne beherrschen willst?

☐ Nicht wirklich ☐ Ja, nämlich ……………………………………………………

Wie viel Zeit nimmt das Hobby in Anspruch?

☐ Zu viel ☐ Gerade richtig ☐ Ich kriege nie genug davon

Fühlst du, dass das Hobby dir guttut? (zum Beispiel, weil du dich bewegst, weil du an etwas völlig anderes denkst oder weil du mit netten Gleichaltrigen zusammen bist?)

☐ Ja, klar! ☐ Ein bisschen ☐ Nicht wirklich

Hobby: ....

Wie viel Spaß macht es? Kommst du hinterher nach Hause – und bist richtig zufrieden?
.... (Note 1 bis 6 einfüllen)

Lernst du Fähigkeiten, die du gerne beherrschen willst?

☐ Nicht wirklich ☐ Ja, nämlich ....

Wie viel Zeit nimmt das Hobby in Anspruch?

☐ Zu viel ☐ Gerade richtig ☐ Ich kriege nie genug davon

Fühlst du, dass das Hobby dir guttut? (zum Beispiel, weil du dich bewegst, weil du an etwas völlig anderes denkst oder weil du mit netten Gleichaltrigen zusammen bist?)

☐ Ja, klar! ☐ Ein bisschen ☐ Nicht wirklich

Hobby: ....

Wie viel Spaß macht es? Kommst du hinterher nach Hause – und bist richtig zufrieden?
.... (Note 1 bis 6 einfüllen)

Lernst du Fähigkeiten, die du gerne beherrschen willst?

☐ Nicht wirklich ☐ Ja, nämlich ....

Wie viel Zeit nimmt das Hobby in Anspruch?

☐ Zu viel ☐ Gerade richtig ☐ Ich kriege nie genug davon

Fühlst du, dass das Hobby dir guttut? (zum Beispiel, weil du dich bewegst, weil du an etwas völlig anderes denkst oder weil du mit netten Gleichaltrigen zusammen bist?)

☐ Ja, klar! ☐ Ein bisschen ☐ Nicht wirklich

Nicht gleich alles hinschmeissen

Vielleicht hast du ein Hobby entdeckt, das nicht so richtig Spaß macht, aber Zeit frisst. Das heißt nicht, dass du dich sofort abmelden sollst. Aber sprich mit deinen Eltern und zeig ihnen den Hobby-Check. Vielleicht kannst du etwas verändern: zum Beispiel das Training einschränken, die Aktivität auf einen weniger stressigen Nachmittag legen oder in eine nettere Gruppe wechseln. **Beobachte in den nächsten Wochen, wie du dich damit fühlst.** Falls du dauerhaft unzufrieden bist, solltest du dieses Hobby vielleicht tatsächlich streichen.

Digitale Zeitfresser

Der Tag hat 24 Stunden. Aber oft ist das einfach viel zu wenig. **Was könntest du alles hinkriegen, wenn du bloß mehr Zeit hättest!** Vielleicht kannst du sie anderswo einsparen.

Womit könntest du locker Zeit gewinnen?

- [ ] Nicht so lange auf dem Klo hocken.
- [ ] Nur noch alle drei Tage Zähne putzen.
- [ ] Morgens, mittags, abends nur Kartoffelbrei essen, weil der sich schnell löffeln lässt.
- [ ] Weniger auf Bildschirme starren.

Fernseher, Tablet, Computerspiele, Handy: Das sind alles digitale Zeitfresser. Im Durchschnitt sitzen 6- bis 13-Jährige täglich 160 Minuten vor den verschiedenen Bildschirmen. Das sind **fast drei Stunden**, die für anderen Freizeitspaß nicht mehr übrig sind.

Schau noch mal auf deinen Wochenplaner von Seite 46/47. Dort hast du in Braun eingetragen, wie viel Zeit du mit Fernsehen und digitalen Medien verbringst.
All das heißt nicht, dass du nie mehr zocken oder deine Lieblingssendungen anschauen sollst. Überhaupt nicht. Aber oft hängt man hinter Bildschirmen, weil man sich zu nichts anderem aufraffen kann. **Hinterher fühlt man sich leer und irgendwie unzufrieden.**

Geht dir das auch manchmal so?

Das machen Jugendliche am liebsten in ihrer Freizeit:

Heute

1. Im Internet surfen
2. Smartphone benutzen
3. Fernsehen
4. Musik hören
5. Telefonieren (von unterwegs)
6. Soziale Medien nutzen
7. Radio hören
8. Computer benutzen

Vor 20 Jahren

1. Fernsehen
2. Musik hören
3. Freunde treffen
4. Ausschlafen
5. Telefonieren (von zu Hause aus)
6. Radio hören
7. Fahrrad fahren
8. Zeitschriften lesen

Immerhin drei Viertel der deutschen Zehnjährigen besitzen ein eigenes Handy. Zwölfjährige ohne Smartphone gibt es nur sehr wenige (oder fällt dir jemand ein?).

Die Dinger sind ja auch praktisch: Man kann überall durchs Internet surfen, verrückte Fotos schießen, Musik hören und die vielen Apps nutzen. **Aber viele Menschen werden danach richtiggehend süchtig.**

Ungefähr jeder zehnte Schüler sagt: „Ich halte es nicht länger als eine Stunde ohne digitale Medien aus."

Nicht länger als eine Stunde!

Computerspiele, aber auch soziale Netzwerke und Nachrichten-Apps können einen richtigen Sog entfachen und dafür sorgen, dass alles andere unwichtig erscheint. Unser Gehirn reagiert nämlich auf jedes **„PLING!"**. Eine neue Nachricht könnte ja heißen, dass jemand an uns denkt oder dass etwas Spannendes passiert. Bei jedem **„PLING!"** schüttet das Gehirn Botenstoffe aus und die sorgen dafür, dass wir immer noch mehr wollen: mehr Nachrichten, mehr Likes, mehr Bestätigungen, dass man toll oder lustig ist. Ein bisschen ist das, wie wenn man Kartoffelchips isst und nicht mehr stoppen kann. **Experten sagen sogar: Es ist dasselbe Prinzip wie bei Drogen.**

Gleichzeitig nerven zu viele Nachrichten. Vielleicht fühlst auch du dich verpflichtet, ständig zu kontrollieren und zurückzuschreiben. Der Sender soll schließlich nicht beleidigt sein. Aber oft steckt auch die Angst dahinter, etwas zu verpassen.

In vielen Familien versuchen Eltern, den Gebrauch von digitalen Medien einzuschränken (obwohl sie ja oft selbst ihr Handy kaum aus der Hand legen).

„Ich darf nur eine bestimmte Zeit im Internet verbringen“
sagen zum Beispiel

- **61 Prozent der 10- und 11-Jährigen**
- **44 Prozent der 12- und 13-Jährigen**

Aber eigentlich ist es egal, ob deine Eltern Regeln aufstellen oder nicht:
Letztlich liegt es nur an dir. Du musst selbst entscheiden, wie viel Platz du den digitalen Zeitfressern in deinem Leben einräumen willst. Nutze sie für alles, was richtig Spaß macht. Aber entscheide bewusst, wie lange dir das guttut. So bleibt dir genug Zeit für anderes. Das echte Leben spielt sich nicht auf Bildschirmen ab!

Diese digitalen Medien nutze ich täglich:

- [ ] Fernsehen
- [ ] Smartphone
- [ ] Computer/Tablet
- [ ] Spielkonsole

Das mache ich am liebsten: ....

Warum das so viel Spaß macht? Weil ....

Das könnte ich vielleicht einschränken: ....

Wie findest du die Regeln in deiner Familie?

- [ ] Völlig okay
- [ ] Geht so
- [ ] Zu streng

Ein Hoch aufs Nichtstun

Es klingt so einfach: Faulenzen und gar nichts tun.

Freu dich, falls du gut darin bist!

Viele Menschen stehen unter Dauerstrom. Sie sind fast immer unruhig. Selbst in ihrer Freizeit haben sie das Gefühl, sie könnten etwas verpassen, wenn sie nicht ununterbrochen aktiv sind und Termine haben. Amerikanische Wissenschaftler haben den Stress von Erwachsenen gemessen: Bei vielen war er während der Arbeit niedriger als während der „freien" Wochenenden. Diese Leute schafften es nicht, sich zu entspannen.

So weit soll es mit dir nicht kommen, oder? Gönne dir genug Zeit, in der nichts geplant ist. **Also: Nimm dir ruhig ein Vorbild am Faultier – und genieße zwischendurch das Abhängen!**

Zeichne das Faultier ab, am besten auf braune Wellpappe. Für die Beine schneidest du braune Papierstreifen. Die klebst du wie eine Schlaufe auf. So kannst du das Faultier an deiner Türklinke befestigen und direkt klarmachen: LASST MICH IN RUHE! ICH MACHE PAUSE!

Überhaupt nichts zu tun zu haben, kann aber auch nerven. Manchmal dehnt sich die Zeit, wird zäh wie Kaugummi. **GÄHN! STÖHN! WIE LAAAAANGWEILIG!**

Und dann? Dann greifen viele Leute zum Handy und vertrödeln stumpfsinnig die Zeit. Manche Kinder beklagen sich bei ihren Eltern, als müssten die rund um die Uhr für Programm sorgen. Aber du kannst Langeweile auch als Chance begreifen: **DIE BESTEN IDEEN UND SPIELE ENTSTEHEN, WENN EINEM VORHER SCHNARCHLANGWEILIG IST!**

Vorratsliste mit Ideen für langweilige Mittage:

- einen Stop-Motion-Film drehen
- eine Kettenreaktion quer durchs Zimmer aufbauen, mit rollenden Kugeln und umkippenden Büchern (Ideen findest du, wenn du auf Youtube „Kettenreaktion" suchst)
- die Nachbarn fragen, ob du – gegen ein kleines Trinkgeld – Altglas wegbringen oder etwas anderes Nützliches machen kannst
- Eigene Ideen: ....

....

WIRKLICH WAHR!

Wissenschaftler baten Freiwillige, eine Viertelstunde lang ihren Gedanken nachzuhängen, in einem öden Raum ohne Handy, Musik oder Bücher. Die einzige mögliche „Ablenkung": ein Knopf, mit dem man sich unangenehme Elektroschocks verpassen konnte. Tatsächlich fanden die meisten Freiwilligen das Nichtstun unangenehm. Zwei Drittel aller Männer und ein Viertel aller Frauen waren so gelangweilt, dass sie letztlich auf den Stromknopf drückten. Sie fanden schmerzhafte Elektroschocks besser als völlig untätig herumzusitzen. Unglaublich, oder?

Chillen für Profis

Jeder hat Tage, an denen er gestresst und übellaunig ist. Dann hilft nur eines: Chillen für Profis! Was sind deine persönlichen Tricks, damit du dich entspannst und bald besser fühlst?

Schreibe sie in die Seifenblasen.

WIRKLICH WAHR!

Sportler machen in Wettkämpfen oft weniger Fehler, wenn sie zuvor einen Anti-Stress-Ball geknetet haben. Rechtshänder müssen den Ball mit der linken Hand bearbeiten; Linkshänder mit der rechten. Dadurch aktivieren sie die Gehirnhälfte, die für alles Automatische zuständig ist: also für die Bewegungen, die die Sportler eigentlich im Schlaf beherrschen. Das hilft – denn unter Druck denkt man oft zu viel und blockiert sich dadurch selbst.

Bastel dir einen Anti-Stress-Ball

Du brauchst: **zwei Luftballons, Mehl, einen Trichter und eine Plastikflasche**

So geht's:

1. Fülle mit dem Trichter eine Tasse Mehl in die Flasche. Blase den Ballon auf und stülpe ihn über die Flasche.
2. Wenn du das Ganze jetzt umdrehst, rutscht das Mehl in den Ballon.
3. Kneif den Ballon zu, wenn du ihn von der Flasche abziehst. Lass die Luft vorsichtig entweichen, denn sonst gibt es eine Sauerei! Verknote den Ballon.
4. Schneide vom zweiten Ballon das längliche Mundstück ab. Jetzt kannst du ihn über den gefüllten Ballonball stülpen, sodass man dessen Knoten nicht mehr sieht.

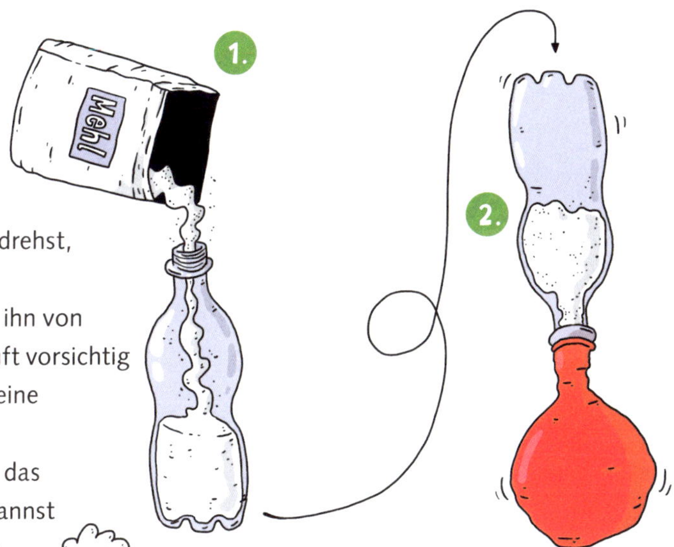

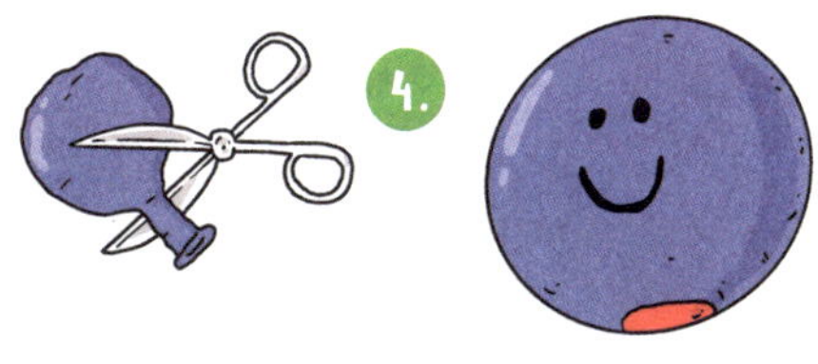

Hol dich zurück ins Jetzt!

(oder: So konzentrierst du dich besser)

Ob Kinder oder Erwachsene: Oft sind wir nicht wirklich bei der Sache. Unsere Gedanken gleiten ständig weg. Und wir werden immer sprunghafter: Durchschnittlich bleiben wir inzwischen gerade einmal acht Sekunden bei einer Aufgabe, bevor uns der nächste Gedankenblitz dazwischenfunkt. **Selbst ein Goldfisch bringt es angeblich auf neun Sekunden!**

Dabei ist Konzentration so wichtig!

Sie hilft, knifflige Dinge zu erledigen. Aber das ist nicht alles: Sie ist auch ein wichtiger Schlüssel, wenn man ausgeglichen und zufrieden sein will. **Wenn wir wirklich bei dem sind, was wir gerade machen, fühlen wir uns besser.**

Sobald du dich auf etwas konzentrierst, ist es, als würdest du eine Taschenlampe anknipsen. Du richtest deinen Lichtkegel dann nur auf eine einzige Aufgabe: vielleicht auf einen Mathe-Test, auf einen perfekten Kopfsprung im Schwimmbad oder auf ein Puzzle mit 1000 Teilen. Nur dieser eine Bereich wird hell ausgeleuchtet – der Rest drum herum bleibt im Halbdunkel. Im Idealfall filtert dein Gehirn alle „Reize" aus, die mit der eigentlichen Aufgabe nichts zu tun haben: tuschelnde Mitschüler, Bademeister, nervige Geschwister …

Manchmal gelingt das von selbst. Aber oft ist es schwierig, die Gedanken bei einer Sache zu halten. Vor allem, wenn man sich für diese Sache (Rechtschreib-Regeln!) gerade gar nicht besonders interessiert.

Wie schätzt du dich selbst ein?

- [ ] Ich kann mich ziemlich gut konzentrieren.
- [ ] Kommt darauf an. Manchmal geht's gut, manchmal gar nicht.
- [ ] Ich bin meistens hibbelig und lasse mich schnell ablenken.

Das lenkt mich häufig ab:

....

....

....

Das könnte ich dagegen tun:

....

....

....

So verjagst du Konzentrations-Diebe:

- Sorg dafür, dass du Ruhe hast, wenn du dich konzentrieren willst.
- Gutes Licht und frische Luft helfen, damit du nicht schnell müde wirst.
- Ploppen unnütze Gedanken auf, zum Beispiel dass du noch irgendwas machen willst? Notier den Gedanken auf einem Zettel. So ist er aus dem Kopf, aber nicht vergessen.

... und raus bist du!

Reißt dich etwas aus deiner Konzentration, ist das ärgerlich. Nach jeder Unterbrechung brauchst du nämlich ein Weilchen, bis du wieder in das eintauchst, was du zuvor getan hast. **Meist dauert so ein „WIEDERANLAUF" zwei bis fünf Minuten.**

ZU VIEL AUF EINMAL

„Wer zwei Hasen jagt, fängt keinen."
Ungarisches Sprichwort

WAS SIEHST DU IN DIESEM BILD?

☐ Ganz klar: einen Hasen!
☐ Natürlich eine Ente!

Wenn du dich anstrengst, erkennst du wahrscheinlich beides: ein nach rechts schauendes Häschen mit langen Ohren – und eine nach links blickende Ente. **Der Knackpunkt aber ist: Du kannst nicht beides gleichzeitig sehen.** Dafür ist dein Gehirn nicht gemacht. Es muss blitzschnell zwischen den Bildern hin und her springen. **HIN – HER. HASE – ENTE**.

Jetzt sagst du vielleicht: Ich erledige viele Dinge gleichzeitig! Ich schaue Fernsehen und futtere dabei Popcorn. Oder ich erzähle meiner Schwester etwas, während wir zur Schule laufen. Tatsächlich geht das, solange wenigstens eine der „Aufgaben" automatisch abläuft. Aber sobald sie ein bisschen **HIRNSCHMALZ** beanspruchen, wird es schwieriger. Zum Beispiel wenn du gleichzeitig mit einem Freund oder einer Freundin redest und eine Handy-Nachricht tippst. Natürlich geht das irgendwie. Aber der oder die andere ärgert sich, weil du nicht richtig zuhörst. Und in der Nachricht schreibst du, du hättest „Tote gebacken". (Gemeint hast du natürlich „Torte".)

Wenn man mehrere Dinge gleichzeitig macht, betreibt man **MULTITASKING**. Wir Menschen versuchen es ständig – und machen uns damit selbst das Leben schwer.

HÖRST DU MIR ÜBERHAUPT ZU?

PROBIER'S AUS

Teile ein Papier mit einer Linie, von oben nach unten. Stell einen Handy-Timer an. Und jetzt schreibe auf einer Blatthälfte die Zahlen von 1 bis 22, schön untereinander. Danach schreibst du auf die andere Blatthälfte den Satz „Mein Gehirn kriegt Knoten". Auch hier sollen die Buchstaben untereinander stehen.

So viele Sekunden habe ich gebraucht: ....

Jetzt mach dasselbe nochmals – aber gleichzeitig: Schreib eine 1, dann wechsle auf die andere Blattseite und schreibe den ersten Buchstaben. Also ein „M". Dann eine 2 und direkt darauf den zweiten Buchstaben, ein „e".

Puh, diesmal hat es so lange gedauert: ....

Unzählige Studien zeigen: Multitasker brauchen länger, bis sie ihre Aufgaben geschafft haben. Sie machen viel mehr Fehler. Und insgesamt leistet ihr Gehirn 20 bis 40 Prozent weniger, weil es viel Energie für das Hin- und Herwechseln verschwendet. Außerdem fühlen Multitasker sich gestresster und sind letztlich oft unzufrieden mit ihren Ergebnissen.

Tu dir selbst einen Gefallen und erledige Wichtiges schön hintereinander. Blocke alles Störende ab, sodass du leichter bei der Sache bleiben kannst.

UND GENIESSE DAS JETZT.

Spielend konzentrieren

Bring dein Gehirn auf Trab – und probiere aus, wie gut du dich konzentrieren kannst!

Knoten im Kopf

Frag einen Freund, Geschwister oder deine Eltern, ob sie gegen dich antreten. Die Aufgabe:

Gehe möglichst schnell die Wörter durch und nenne die jeweils abgedruckte Farbe. Steht da also **Grün**, musst du „Blau“ sagen und nicht „Grün“. Der andere zählt deine Fehler. Dann ist er dran!

Orange Lila Blau Grün Grün Gelb
Orange Blau Schwarz Gelb Lila Braun
Gelb Lila Braun Schwarz Grün Lila
Gelb Grün Orange Gelb Lila Braun
Blau Grün Orange Grau Gelb Braun
Braun Gelb Lila Orange Lila Grün

Buchstabensalat

Gehe den Buchstabensalat durch und streiche alle „d“ und alle „p“ an. Zähle dann, wie viele „d“ sich im Buchstabensalat verstecken!

d R p b R q d P b b d q d P b b d p q P b b d p R d R p b R q d P b b d
R p q d P R d d p q q R d d R p b R q d P b b d d R p b R q d P b b d d
R p b R q d P b b d q q p R d P R d d p q q b d d q P b d q p d R P d p
q d P R d d p q q d P R d d p q q d R p b R q d P b b d q d b b d d R p

Lösung: *Hast du alle (oder wenigstens die meisten) „d“ und „p“ angestrichen? Dann hast du den ersten Teil gut gelöst! Danach zählst du NUR die „d“. Hast du dich gut konzentriert, die Aufgabe gründlich gelesen und das dann auch gemacht? Es waren 42 „d“!*

Kopfstand fürs Buch

Dreh dein Buch um und lies zehn Minuten lang auf dem Kopf. Das schaffst du nur, wenn du dich gut konzentrierst. Aber Experten sind sich sicher: Auch normales Lesen fördert die Konzentration – vor allem, wenn du mindestens eine halbe Stunde in ein Buch eintauchst.

Ähm, öhm, ähm

Dein Lehrer redet und redet – und alles rauscht bei dir nur durch? Dann schnapp dir einen Stift und mach jedes Mal einen Strich, wenn dein Lehrer „Ähm" sagt oder „und", oder irgendein anderes Wort. So hörst du genauer zu.

Geheime Botschaft

Kannst du den Code möglichst schnell entschlüsseln? Du musst das Gitter lesen wie eine Landkarte. Wenn du „c2" suchst, gehst du zur Spalte von „c" und fährst dann mit dem Finger hoch bis zur Zeile von „2". Da steht dann der gesuchte Lösungsbuchstabe, also ein „B". Schreib Geheimbotschaften für deine Freunde. c5 b3 e2 a5 c1 f3 a3 e3!

1	M	K	S	F	Y	H
2	T	R	B	Z	E	Ä
3	A	I	Q	J	ß	P
4	Ü	U	N	D	O	X
5	L	C	V	Ö	W	G
	a	b	c	d	e	f

Z, Y, X

Das Alphabet kennst du sicher im Schlaf. Aber probier doch mal, jeden zweiten oder dritten Buchstaben auszulassen – oder das Alphabet rückwärts aufzusagen. Konzentrations-Champions schaffen es rückwärts und lassen dabei noch zusätzlich jeden zweiten Buchstaben aus!

Bleib bei der Sache

Du kannst trainieren, dich weniger ablenken zu lassen. Zum Beispiel mit Atemübungen. JAWOHL – ATMEN! Natürlich machst du das sowieso den ganzen Tag; sonst würdest du ja ersticken. **Aber bewusstes Atmen ist eine Superkraft.** Wenn du dich darauf konzentrierst, richtest du dich nämlich nur auf eine Sache aus: auf das regelmäßige Ein und Aus der Luft. Wer darin geübt ist, tut sich auch sonst leichter, seine Aufmerksamkeit zu bündeln. Außerdem entspannst du dich, wenn du ruhig atmest. **Und dein Körper freut sich über eine Extra-Portion Sauerstoff.**

Übung 1 – Für Zwischendurch

Setz dich entspannt hin und schließe (falls möglich) deine Augen. Achte auf deinen Atem. Wohin geht er in deinem Körper? Fühlst du ihn bis in den Brustraum, in den Bauch? Spürst du, wie Luft durch deine Nase strömt? Du kannst hier nichts falsch machen. Wie auch immer du atmest, ist in Ordnung.

Vielleicht hilft diese Mini-Atemübung, wenn du abgelenkt bist. Du kannst sie selbst unauffällig in der Schule machen.

Übung 2 – Um den Kopf frei zu kriegen

Stell dich hin. Dein Rücken ist gerade, die Arme hängen nach unten. Jetzt atmest du tief ein und hebst dabei deine Arme langsam nach oben, bis du sie ausgestreckt über deinem Kopf hältst. Bleib ein paar Sekunden so, mit gestrecktem, angespanntem Körper. Dann atmest du aus: Beweg die Arme und auch deinen Oberkörper nach unten. Beug dich nach vorne, so weit es mit gestreckten Beinen geht. Dann atme wieder ein und bringe die Arme erneut nach oben.

Diese Atemübung ist ideal, wenn du eine Pause brauchst, zum Beispiel zwischendurch bei den Hausaufgaben.

Übung 3 – Atmen für Profis

Stell einen Wecker auf fünf Minuten. Setz oder leg dich bequem hin. Jetzt zählst du deinen Atem. Beim ersten Ein- und Ausatmen denkst du ganz ruhig: „Eins!". Beim zweiten Ein- und Ausatmen denkst du „Zwei!". Schaffst du es, so bis „Zehn!" zu kommen? Dann fang wieder von vorne an. Es klingt einfach, aber wahrscheinlich wandern deine Gedanken oft weg vom Atmen. Dann ärger dich nicht. Das ist ganz wichtig! Mach dir ein Kompliment, weil du die abschweifenden Gedanken bemerkt hast, und fang wieder bei „Eins!" an.

Die Übung ist nicht einfach. Hältst du fünf Minuten durch? Kannst du mit der Zeit weiter zählen als bis zehn, ohne dich ablenken zu lassen?

Kreuz hier an, wenn du fünf Minuten geübt hast!

- ☐ Geschafft!
- ☐ Geschafft!
- ☐ Geschafft!
- ☐ Geschafft!
- ☐ Geschafft!
- ☐ Geschafft!

PROBIER'S AUS

Stillgestanden! Vielleicht hast du schon mal in der Fußgängerzone „Lebende Statuen" gesehen: Diese Straßenkünstler sind oft verrückt verkleidet – und dann stehen sie vollkommen still. Nur wenn jemand eine Münze in ihren Becher wirft, machen sie eine große Bewegung. Dann erstarren sie wieder. Das Stillstehen erfordert große Konzentration. Wie lange schaffst du es? Du kannst vor dem Spiegel üben oder zusammen mit einem Freund. Wenn ihr gut genug seid, könnt ihr euch vielleicht auch Kostüme besorgen und beim nächsten Straßenfest auftreten.

WIRKLICH WAHR!

Spielst du Geige, Klavier, Gitarre oder Flöte? Du Glückspilz! Während du auf deinem Musikinstrument übst, machst du gleichzeitig Gehirn-Jogging. Unter anderem stärkst du Bereiche, die für deine Konzentration und fürs Gedächtnis zuständig sind.

Bitte be-achten!

„Einmal Vanille und Erdbeer, bitte!“ Die Sonne scheint und du bestellst ein Eis. Der Verkäufer reicht dir eine knusprige Waffel. Dann isst du natürlich, aber wie sehr bist du wirklich bei der Sache? Vielleicht hast du Vanille-Eis im Mund, denkst dabei aber an das Handballturnier am nächsten Samstag. Oder dir fällt der Trottel aus der Parallelklasse ein, der auf dem Schulhof immer für Ärger sorgt. Womöglich genießt du dein Eis gar nicht richtig, sondern schlingst es einfach nur hinunter. **Das ist doch jammerschade!**

Weil die Gegenwart uns guttut, ist in den letzten Jahren **ACHTSAMKEIT** in Mode gekommen. Es gibt dazu massenhaft eigene Bücher und Kurse. Aber eigentlich ist die Idee ganz einfach: Man nimmt bewusst und mit allen Sinnen wahr, was gerade um einen herum geschieht, statt gedanklich hin und her zu springen.

PROBIER'S AUS

Besorg dir ein Stückchen Schokolade. Normalerweise würdest du es wohl einfach kauen und runterschlucken. Aber diesmal gehst du **Gaaanz** langsam vor. Betrachte die Schokolade. Schnupper an ihr. Leg sie vorsichtig auf deine Zunge und schließe die Augen. Fühle, wie die Schokolade langsam zu schmelzen beginnt. Wonach schmeckt sie? Kannst du verschiedene Aromen erraten? Schluck die Schokolade erst hinunter, wenn sie ganz flüssig ist. Spürst du, wie sie die Speiseröhre hinabwandert? **Schmeckst du noch Schokolade im Mund?**

Natürlich wäre es übertrieben, den ganzen Tag **„achtsam“** zu sein. **Aber es schärft deine Sinne, wenn du dich zwischendurch ein paar Minuten voll auf das einlässt, was du gerade tust.**

Gelegenheiten zum Achtsam-Sein:

- Beim Duschen: Spür die Wassertropfen auf deiner Haut und riech die Seife!
- Beim Müsli-Essen: Ertastest du einzelne Flocken im Mund? Vielleicht kannst du Beeren oder Nüsse herausschmecken.
- Auf dem Schulweg: Entdecke Dinge, die du sonst nicht beachtest, zum Beispiel besondere Geräusche, kleine Insekten, ungewöhnliche Schilder.

PROBIER'S AUS

Du sollst die Spülmaschine ausräumen oder sonst was Dämliches tun? Dann bleibe diesmal ganz bewusst in Gedanken dabei! Wie fühlen sich die warmen Gläser an, die du in den Schrank trägst? Kannst du zackig das Besteck in die Schublade sortieren? Was für ein Geräusch machen die Teller, die du stapelst? Du kannst dir auch vorstellen, dass du ein supercooler Geschirrroboter bist: „Tass-O-Mat 2000" arbeitet blitzschnell in der Küche einer Raumstation. **Im Schnitt ist man sieben Mal schneller, wenn man sich nicht ablenken lässt.** Wie ist das bei dir?

Meine Testaufgabe:..

Ging es schneller als sonst?	☐ Ja	☐ Nein
Warst du gründlicher/erfolgreicher?	☐ Ja	☐ Nein
Hast du dich besser dabei gefühlt?	☐ Ja	☐ Nein

Tank Superkräfte!

(oder: Wie man gut für sich sorgt)

Als du klein warst, sind deine Eltern dir wahrscheinlich mit Apfelschnitzen hinterhergerannt. Sie haben dich zum Spielen an die frische Luft gescheucht. Und sie haben dich viel zu früh ins Bett gezwungen. Kreuz an!

- ☐ Stimmt, genau so war's!
- ☐ Bei mir waren's Bananen.
- ☐ Meine Eltern sind auch heute noch Kontroll-Freaks.

Aber du wirst älter – und entscheidest immer mehr selbst. Spätestens in ein paar Jahren könntest du theoretisch:

- **Kartoffelchips zum Frühstück, Mittagessen und Abendessen mampfen.**
- **Von früh bis spät das neuste Videospiel zocken.**
- **Nur noch drei Stunden pro Nacht schlafen, bis du vor Müdigkeit tanzende Koalas siehst.**

Klingt grossartig, oder? Äh ... nein. Nicht wirklich!

Ernährung, Bewegung und Schlaf tragen viel dazu bei, wie du dich fühlst. Ob du schwungvoll durch den Tag kommst ... oder ob du häufig schlapp und unausgeglichen bist.

Du hast es zunehmend selbst in der Hand: Entweder kannst du Superkräfte tanken – oder dich und deine Gesundheit vernachlässigen.

Du bist, was du isst

Keine Sorge: Es ist ziemlich einfach, sich ordentlich zu ernähren. Experten betonen, dass Essen Spaß machen soll. Je abwechslungsreicher dein Speiseplan ist, desto besser. Dann ist ein ungesunder Snack zwischendurch auch kein Problem.

Ein paar Faustregeln:

- Am wichtigsten sind pflanzliche Lebensmittel. Ideal sind **täglich fünf Portionen Obst und Gemüse**. Eine Portion entspricht ungefähr einer Handvoll. Auch Trockenfrüchte und ungesalzene Nüsse zählen mit.
- Du kannst eine Obstportion durch Saft ersetzen – aber besser nicht mehr. Auch Saft enthält (Frucht-)Zucker.
- Gehe sparsam mit Fetten, Zucker und Salz um. Sie verstecken sich oft in Snacks und in Fertigprodukten aus dem Supermarkt. „Echtes" selbst gekochtes Essen ist besser!
- **Wenn du die Wahl hast:** Iss Vollkornbrot, Vollkornreis und Vollkornnudeln.

Italienische Erbsensuppe

Einfach wie Tütensuppe, aber leckerer!

Du brauchst für 4 Personen:

1 kleine Zwiebel, in Würfel geschnitten
1 Esslöffel (Oliven-)Öl
300 Gramm (Tiefkühl-)Erbsen
250 Gramm Spaghetti, in kleine Stücke zerbrochen
750 ml Wasser
1 Gemüse-Brühwürfel
Eventuell 1 Zweig Rosmarin und 1 Zweig Minze
1 Erwachsenen, der dir mit dem Herd hilft

Gib die Zwiebelwürfel mit dem Öl in einen Topf. Lasse sie zwei bis drei Minuten anbraten. Dann gibst du auch die Erbsen hinzu, 750 Milliliter Wasser, den Brühwürfel, Rosmarin und Minze. Kocht die Suppe, kommen die Spaghetti dazu. Warte zehn Minuten. Dann hol die Zweige aus der Suppe und würze – falls nötig – mit Salz und Pfeffer.

SÜSSE VERLOCKUNG

Fast jeder Mensch mag Süßes. Doch die meisten von uns essen viel zu viel davon.

Pro Jahr vernascht jeder Deutsche im Durchschnitt 36 Kilogramm Zucker. Stell dir vor, man könnte davon einen Turm aus Zuckerwürfeln bauen. Der würde 132 Meter hoch in den Himmel ragen. Er wäre mehr als doppelt so hoch wie der weltberühmte Schiefe Turm von Pisa.

Dass Gummibärchen und Sahnetorte viel Zucker enthalten, überrascht dich sicher nicht. Aber tatsächlich versteckt er sich auch in vielen anderen Lebensmitteln.

Wie viel Zucker steckt worin?

Verbinde Essen und Getränke mit der richtigen Anzahl Zuckerwürfel.

1 Glas Cola

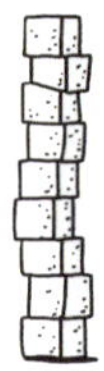

1 Schokoriegel

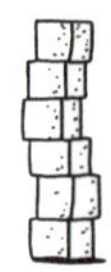

Currywurst

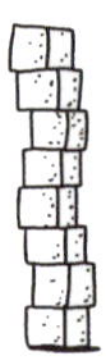

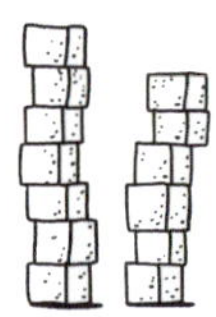

1 Glas Orangensaft

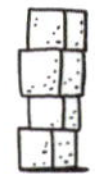

1 Teller Tomatensuppe

Super-Tipp zum Zuckersparen!

Eine gute Angewohnheit genügt – und du musst dir beim Thema Zucker (fast) keine Sorgen mehr machen: **Trink einfach immer Wasser anstelle von Cola, Limo und anderen süßen Softdrinks!** Viele Menschen nehmen nämlich schon mit ihren Getränken mehr Zucker auf, als pro Tag in Ordnung wäre. **Kein Wunder:** Wir Deutschen gehören zu den gierigsten Limo-Trinkern der Welt. Besonders häufig übertreiben es Jungs zwischen 14 und 17 Jahren.

Falls du Wasser (noch) langweilig findest:
Gib einfach Zitronenscheiben, Minzblätter oder Eiswürfel hinzu. Du gewöhnst dich schnell an den Geschmack von Wasser – **und tust dir damit wirklich etwas Gutes!**

Dazu kann zu viel Zucker führen:

- zu löchrigen Zähnen
- zu einem unansehnlichen Schwabbelbauch
- zur unheilbaren Zuckerkrankheit Diabetes
- zu ungesundem Bluthochdruck
- zu Problemen von Herz und Leber

1 Becher Erdbeerjoghurt

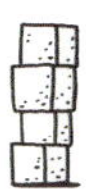

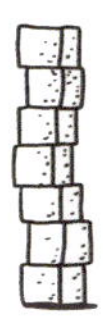

1 Portion Knuspermüsli

LÖSUNG: 1 Glas Cola: 9 Zuckerwürfel (ZW); 1 Glas Orangensaft: 6 ZW; 1 Currywurst: 8 ZW; 1 Schokoriegel: 13 ZW; 1 Becher Erdbeerjoghurt: 7 ZW 1 Teller Tüten-Tomatensuppe: 4 ZW; 1 Portion Knuspermüsli: 4 ZW

In dir steckt ein Pizzabäcker!

Ob Nudelsuppen, die man nur mit heißem Wasser aufgießt, oder komplette Mahlzeiten aus der Mikrowelle: Fertigprodukte sind praktisch. Aber gesund sind sie meistens nicht. **Fast immer gilt: Je stärker ein Lebensmittel „verarbeitet" ist, desto mehr chemische Zusatzstoffe, Aromen und künstliche Geschmacksverstärker enthält es.** In Fertigprodukten stecken oft besonders viel Salz, Fette und Zucker.

Tiefkühlpizza? Das kannst du besser! Es ist ganz einfach, aus frischen Zutaten Pizza selbst zu backen.

Zutaten für den klassischen Teig:

400 Gramm Weizenmehl
300 Milliliter lauwarmes Wasser
2 Esslöffel Olivenöl
1 Teelöffel Salz
1 Päckchen Trockenhefe (7 Gramm)

1. Mische alle Zutaten mit einem Löffel oder den Knethaken eines Rührgeräts. Der Teig ist (noch) ziemlich matschig. Das ist nicht so schlimm. Decke die Schüssel mit einem Geschirrtuch zu und lasse sie zehn Minuten stehen.

2. Gib Mehl auf die Arbeitsfläche. Kipp den Teig auf das Mehl. Du musst ihn nicht kneten, sondern falten. Stell dir vor, der Teig wäre ein Blatt Papier: Klapp die beiden äußeren Seiten zur Mitte, als würdest du einen „Schrank" falten.

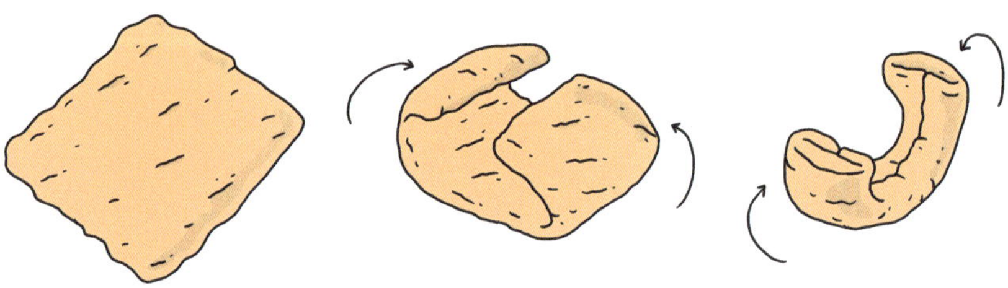

Wiederhole das Ganze und schlage dann die beiden anderen Seiten zur Mitte.

3. Jetzt hast du eine gefaltete Teigkugel. Dreh sie um, sodass die glatte Unterseite oben ist, und setze sie so wieder in die Schüssel. Lass den Teig 15 Minuten stehen. Dann wiederhole das „Falten“ nochmals. Lass den Teig 2 Stunden stehen.

4. Benutze kein Backpapier, sondern verteile 3 Esslöffel Olivenöl mit einem Pinsel gleichmäßig auf einem Backblech. Lass den Teig auf das eingeölte Blech gleiten. Er ist immer noch recht weich. Bestäube ihn mit Mehl. Und dann ziehst und schiebst du ihn, bis er das ganze Blech bedeckt. Sei vorsichtig! Die Luftblasen sollen nicht kaputt gehen und der Teig soll keine Löcher bekommen!

Der Grund-Belag

Mische 200 Milliliter Tomatenpüree mit 1 Esslöffel Olivenöl und einem halben Teelöffel Salz. Probier, ob die Soße gut gewürzt ist. Dann löffle sie vorsichtig auf den Teig. Schneide eine Mozzarella in Scheiben und beleg damit die Pizza.

Backen

Heize den Backofen auf mindestens 220 Grad vor. Lass dann einen Erwachsenen das Blech für dich hineinschieben. Wenn du einen Ofen mit Ober- und Unterhitze hast, stellst du das Blech ganz unten direkt auf den Ofenboden. So wird die Pizza auch von unten knusprig. Bei einem Umluft-Ofen kommt das Blech in die Mitte. Nach 18 bis 22 Minuten ist deine Pizza vermutlich gut. Dein erwachsener Helfer kann sie mit einem Spatel anheben und schauen, ob sie von unten perfekt gebacken ist.

Das kann noch drauf:

- Du kannst dünn geschnittene Paprika, Zwiebeln, Oliven und anderes Gemüse direkt mitbacken.
- Frische Tomaten und Rucola schmecken lecker, wenn du sie hinterher auf die fertige Pizza legst.
- Salami ist recht fettig. Wenn du Wurst willst, dann nimm lieber gekochten Schinken. Befeuchte ihn vor dem Backen mit Wasser, damit er nicht austrocknet.

Wie sportlich bist du?

Schwimmen, Jazzdance, Hockey spielen, Klettern, Fußball, Tennis, Reiten, Rudern, Turnen, Judo … Es gibt Hunderte verschiedene Arten, seinen Körper in Schwung zu bringen. **Egal, was man macht: Sport ist gesund und tut gut.**

Mach den Test: Was für ein Bewegungstyp bist du?

Deine Familie macht Strand-Urlaub. Wo bist du?

Ich baue aus Sand das Kolosseum nach und plansche im Wasser. &

Ich bleibe auf dem Liegestuhl und genieße das Nichtstun. *

Ich surfe, schnorchle, spiele Beachvolleyball und jogge am Strand entlang. #

Du musst in den dritten Stock. Was machst du?

Ich nehme den Aufzug. Dafür ist er schließlich da. *

Ich gehe gemächlich die Treppe hoch. &

Ich renne nach oben und schaue, wie viel ich schneller bin als der Aufzug. #

Wie kommst du zur Schule oder zu deinen Hobbys?

Ich gehe zu Fuß oder nehme das Rad. &

Ich radel immer – selbst weite Strecken. #

Ich nehme Bus, U-Bahn … oder lasse mich fahren. *

Wie oft kommst du pro Woche ins Schwitzen oder strengst dich körperlich an?

Höchstens unfreiwillig – im Schulsport. *

Eigentlich fast täglich. #

Vielleicht drei Mal pro Woche? &

Hast du eine Sportart als Hobby?

Wieso nur eine? Mehrere! #

Ja, nämlich …….. &

Nein. *

Wie verbringst du die große Pause?

Mit Fußball oder anderem Sport. #

Ich ruhe mich vom Unterricht aus. *

Ich wäre gern aktiver, aber unser Schulhof lässt das nicht zu. &

Magst du beim Sport Vergleiche und Wettkämpfe?

Überhaupt nicht. Ich verliere ja doch! *

Geht so. &

Natürlich! Wenn man gewinnen kann, wird's erst richtig spannend! #

Auflösung: Zähle, wie oft du welches Symbol angekreuzt hast.

Am häufigsten # DU BIST EINE ECHTE SPORTSKANONE!

Dieses Ergebnis ist für dich sicher keine Überraschung: **Du bist richtig sportlich und immer aktiv.** Wahrscheinlich liebst du den Wettkampf gegen andere oder auch nur gegen dich selbst. Vor allem aber weißt du, dass deine Laune in den Keller geht, wenn du dich nicht bewegen kannst. Was bleibt da zu sagen? **Mach weiter so!**

Am häufigsten & SPORT MACHT DIR SPASS – OHNE ZU ÜBERTREIBEN

In deinem Leben dreht sich nicht alles nur um Sport. Aber das ist ja auch gar nicht nötig! **Du bewegst dich nämlich trotzdem regelmäßig und meistens hast du auch Spaß dabei.** Dabei musst du nicht ständig gegen andere antreten oder irgendwelche Medaillen gewinnen. Wozu auch? **Dein Körper ist dankbar, dass du in deiner Freizeit nicht nur auf dem Sofa sitzt.**

Am häufigsten * DU MUSST DEINEN LIEBLINGSSPORT NOCH FINDEN

Wahrscheinlich sagst du: „Sport ist nicht so mein Ding!“. Vielleicht erklärst du sogar, du seist „unsportlich“. Aber lass dir so was nicht einreden. Wahrscheinlich hast du einfach noch keine Sportart gefunden, die dir richtig Spaß macht. **Selbst wenn Sport nicht zu deinem regelmäßigen Hobby wird, kannst du dich im Alltag bewegen.** Es nützt schon etwas, wenn du zum Beispiel regelmäßig Fahrrad fährst, keine Aufzüge und Rolltreppen benutzt und oft zügig gehst. **Probier's aus!**

So gut tut Bewegung

Du musst täglich viele Stunden in der Schule hocken. Zu Hause ist die Versuchung dann groß, einfach nur aufs Sofa zu plumpsen. Doch unzählige wissenschaftliche Studien zeigen: Wer sich regelmäßig bewegt, wird fitter und fühlt sich wohler.
Rat mit: Welche Wunderwirkungen hat Sport tatsächlich?

Im Gehirn wirkt Sport wie eine schwache Droge: **Wenn du aktiv bist, rauschen sogenannte „Glückshormone" durch deinen Körper.**

☐ *Stimmt* ☐ *Stimmt nicht*

Wer gut trainiert ist, kann bis zu fünf Mal mehr Luft aufnehmen. **Die Lungen versorgen den Körper ideal mit Sauerstoff.**

☐ *Stimmt* ☐ *Stimmt nicht*

Sport erspart dir so manche lästige Rotznase – **denn er stärkt Abwehrkräfte gegen Krankheiten.**

☐ *Stimmt* ☐ *Stimmt nicht*

Sport vermindert das Risiko, an bestimmten Arten von Krebs zu erkranken, **zum Beispiel an Dickdarmkrebs oder an Brustkrebs.**

☐ *Stimmt* ☐ *Stimmt nicht*

Du stärkst dein Herz, Muskeln und Knochen, **und dein Kreislauf bleibt fit.**

☐ *Stimmt* ☐ *Stimmt nicht*

Wer sich ausreichend bewegt, fühlt sich merklich besser. Sport steigert das Selbstwertgefühl und vermindert Stress.

☐ *Stimmt* ☐ *Stimmt nicht*

Die Lösung:
Unglaublich, aber alle Behauptungen stimmen. Bewegung wirkt besser als so manche Arznei!

Verdienst du eine Fitness-Medaille?

Die Weltgesundheitsorganisation sagt: **Im Idealfall solltest du dich täglich mindestens 60 Minuten bewegen.** Dazu zählt alles, wobei du ein bisschen außer Atem kommst, also auch Radfahren und manche Spiele auf dem Schulhof. **Doch nur wenige schaffen es, sich so viel zu bewegen:**

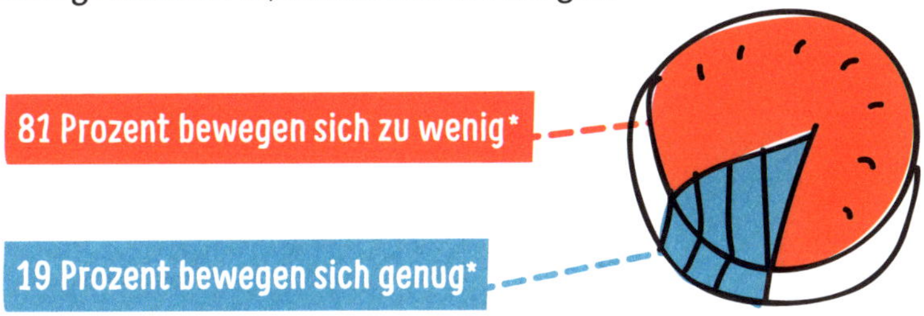

*Jungen und Mädchen zwischen 11 und 13 Jahren

Wie ist es mit dir? Schaffst du die 60 Minuten am Tag?

- ☐ **Ja** (Glückwunsch! Eine tolle Leistung!)
- ☐ **Nein** (**Lass dich nicht entmutigen.** Dein Körper freut sich immer, wenn du aktiv bist. Er belohnt fast jeden einzelnen Schritt. Vielleicht kannst du noch mehr Bewegung im Alltag einbauen.)

PROBIER'S AUS

Eine Studie hat untersucht, ob Kinder und Jugendliche zwischen 4 und 17 Jahren das Gleichgewicht halten können. Das Ergebnis: Angeblich schafft es nur jeder Fünfte, eine Minute lang auf einem Bein zu stehen. Was ist mit dir?

- ☐ Ich kippe dauernd um!
- ☐ Gar kein Problem!
- ☐ Ich schaffe das sogar auf dem rechten und dem linken Bein!

Raus an die frische Luft!

„Ein Sonnenstrahl reicht, um viel Dunkel zu erhellen."

Franz von Assisi,
italienischer Heiliger

Schon klar: Für den Spielplatz bist du inzwischen zu alt. Sandkasten und Schaukeln sind für kleine Kinder, und vielleicht würdest du sogar in der Rutsche stecken bleiben.

Aber deshalb musst du noch lange nicht zum Stubenhocker werden.

Tu dir selbst einen Gefallen und geh jeden Tag nach draußen, wenigstens für ein Weilchen. Es ist erwiesen, dass frische Luft und Grün uns ausgeglichener machen und die Laune verbessern. Außerdem lechzt dein Körper nach dem „Sonnen-Vitamin" D. Es ist wichtig für gesunde Knochen und Zähne. Ein bisschen davon kannst du über die Nahrung aufnehmen: Das Vitamin steckt zum Beispiel in fettem Fisch wie Makrele und Lachs, in Rindfleisch, Käse und Eigelb. Aber den Großteil stellt dein Körper tatsächlich selbst her, während du draußen bist. Am besten geht das, wenn die Sonne scheint. Aber auch bei bewölktem Himmel genügen 15 bis 30 Minuten.

Wirklich wahr!

Eine anerkannte Therapie in Japan ist „Shrin-rin-yoku": das „Wald-Baden". Es wird sogar von den Krankenkassen bezahlt. Firmen schicken zum Beispiel ihre gestressten Mitarbeiter einige Tage in die Wälder. Dort gehen sie spazieren, machen Entspannungstraining oder lassen einfach die Natur auf sich wirken. Auch in Südkorea entstehen immer mehr **„Heilungs-Wälder"**.

Draussen ist's langweilig? Hier sind ein paar Ideen, was du machen könntest.

- Die Umwelt freut sich über deine Hilfe. Schnapp dir Handschuhe, eine Tüte – und sammle Plastikmüll im Park auf.
- Du magst Hunde, aber ihr habt selbst keinen? Vielleicht kannst du den Hund von Nachbarn ausführen. Frag doch einfach mal.
- Mit Freunden abhängen macht auch draußen Spaß. Vor allem, wenn ihr eine Picknickdecke mitnehmt, ein Frisbee – und etwas Leckeres zu essen.
- Hast du schon mal Kreidekünstler gesehen? Manche zeichnen ausgefeilte Gemälde auf die Straße, andere optische Täuschungen. Wie sieht dein Kunstwerk aus?
- Mach eine Fotosafari und jage Buchstaben. Ein Riss im Asphalt ähnelt vielleicht einem „F", ein Baum ist gewachsen wie ein „Y" und am Parkplatz findest du ein Schild mit „P". Mit den Fotos kannst du zum Beispiel ein Namensschild für deine Tür machen.
- Die Sonne scheint? Dann nimm doch ein Buch mit nach draußen, auf den Balkon, in den Garten oder zu einem Lieblingsplatz nahe eurer Wohnung.
- Verabrede dich mit Freunden zum Tischtennis-Spielen. Am lustigsten ist Rundlauf. In vielen Parks gibt es Tischtennisplatten.
- Jonglieren entspannt, macht wacher und konzentrierter. Anleitungen findest du im Internet. Du kannst die Stressbälle von Seite 57 benutzen.

Das macht mir draußen Spaß:

Alle Schlafmützen leben hoch!

Du wirst noch viele tolle Dinge in deinem Leben machen. Aber schon jetzt steht fest, an welchem Ort du besonders viel Zeit verbringen wirst: in deinem Bett! Dort liegen wir Menschen nämlich ungefähr ein Drittel unseres Lebens. Insgesamt verschlafen wir rund 25 Jahre. Das klingt, als würden wir jede Menge Zeit verschwenden. Aber täusch dich nicht: Schlaf ist ungeheuer wichtig!

Womit verbringt der Durchschnittsmensch seine Lebenszeit?

25 Jahre: Schlafen

12 Jahre: Fernsehen

8 Jahre: Arbeiten

5 Jahre: Kochen und Essen

Knapp 2 Jahre: Schule und Weiterbildung

1,5 Jahre: Wohnung putzen

Nachts herrscht in deinem Körper keine Ruhe:

- Dein Immunsystem ist besonders aktiv und bekämpft Erreger. Wer zu wenig schläft, wird leichter krank.
- Wachstumshormone schwemmen durch den Körper. Jede Nacht wirst du ein kleines Stückchen größer.

- Erst nachts verdauen Magen und Darm die Nahrung zu Ende. Dadurch wird sie erst wirklich für den Körper nutzbar.
- Dein Gehirn ist nachts teils aktiver als im Wachzustand. Es spielt nochmals durch, was tagsüber passiert ist, löscht Unwichtiges, speichert Fakten. So richtig lernst du also erst beim Schlafen. Das gilt für Vokabeln ebenso wie für Salto-Sprünge auf dem Trampolin.

Jede Nacht durchläuft dein Körper ein fein abgestimmtes Erholungs- und Reparaturprogramm. Bloß wird das morgens oft rüde durch deinen Wecker unterbrochen – oder durch deine Eltern, die „**JETZTABERWIRKLICHAUFSTEHEN!**" brüllen. Das Ergebnis ist, wie wenn du beim Backen den Ofen zu früh ausschaltest: Dann ist der Kuchen noch matschig. Und genauso matschig fühlst du dich, wenn dein Schlafprogramm zu kurz war. Wahrscheinlich gehst du nicht gerne ins Bett. Es gibt abends schließlich noch so viel, was du machen könntest. Aber trotzdem kannst du dir einen riesigen Gefallen tun:

Sei eine Super-Schnarchnase!

Gönn dir den Schlaf, den du nötig hast!

Wie viel das genau ist? Das wird von den Genen bestimmt und ist bei jedem ein bisschen anders. Es nutzt also nichts, sich mit Freunden oder Geschwistern zu vergleichen.

Als Faustregel gilt:

- Zwischen 6 und 13 Jahren brauchen wir 9 bis 11 Stunden Schlaf
- Zwischen 14 und 17 Jahren brauchen wir 8 bis 10 Stunden Schlaf

Studien zeigen: Schüler bis zur 6. Klasse schlafen meist genug – auch, weil ihre Eltern die Bettgehzeit noch kontrollieren. Je älter Jugendliche werden, desto größer wird bei vielen der Schlafmangel.

Meine persönliche Schlummer-Seite

Meine Bettgehzeit unter der Woche: .... Uhr

DRRRRRRRRR

Ich finde das

☐ zu früh ☐ zu spät ☐ gerade richtig

So läuft es mit dem Einschlafen:

☐ Ist kein Problem für mich! ☐ Es dauert eine Weile.

☐ Ich liege lange wach und finde das richtig ätzend.

Aufstehen muss ich an Schultagen um: .... Uhr

Dann fühle ich mich:

☐ frisch und ausgeruht ☐ mittelprächtig ☐ wie ein Zombie

In einer Nacht unter der Woche komme ich auf insgesamt .... Stunden Schlaf.

Hand aufs Herz: Ist das genug? Reicht dein Schlaf?

☐ Juhu, ich denke schon! ☐ Hm. Eher nicht.

WIRKLICH WAHR!

Schlafforscher unterscheiden zwischen Abendtypen („Eulen") und Morgentypen („Lerchen"). Manche Menschen sind abends nämlich besonders lange munter, während andere frühmorgens gut gelaunt aus dem Bett springen. Zu welchem Typ man zählt, ist genetisch vorgegeben. Acht von zehn Menschen sind Normalschläfer, die irgendwo dazwischen liegen.

„Wer spät zu Bett geht und früh heraus muss, weiß, woher das Wort Morgengrauen kommt."

Robert Lembke,
deutscher Fernsehmoderator

Was für ein Schlaftyp bist du?

- ☐ Ich bin eine typische „Eule", die abends einfach nicht müde wird.
- ☐ Ich bin eine typische „Lerche", die früh ins Bett muss, aber morgens gleich loszwitschert.
- ☐ Ich liege irgendwo dazwischen.

Wer weckt dich morgens? Oder wirst du von selbst wach?

....

Wie könnte das Aufwachen für dich angenehmer werden?

....

Normalerweise verträumen wir ein Viertel der Nacht. Meist vergessen wir jedoch, was wir geträumt haben. Wie häufig kannst du dich an deine Träume erinnern?

☐ Fast nie ☐ vielleicht einmal pro Woche ☐ fast täglich

Wie empfindest du deine Träume? Kreuze an, was am ehesten passt!

☐ wirr ☐ bunt ☐ düster ☐ wunderbar verrückt
☐ anstrengend ☐ oft kommen Tiere vor
☐ oft kommen Leute vor, die ich kenne
☐ ich träume oft dasselbe ☐ spannend wie ein Krimi
☐ beängstigend

Goldene Schlaftipps

Vielleicht dämmerst du abends problemlos ein und schläfst wie ein Stein bis zum Morgen. **Dann hast du Glück. Aber vielleicht läuft es bei dir auch anders:** Laut einer Umfrage kann beinahe jeder zweite Schüler nicht problemlos ein- und durchschlafen.

In jedem von uns tickt eine körpereigene Uhr. Gesteuert wird sie von Hormonen. Das sind winzige chemische Botenstoffe, die durchs Blut rauschen und Nachrichten in alle Teile des Körpers transportieren. Wird es abends dunkel, erkennt das Gehirn: Die Nacht bricht an, bald ist Zeit zum Schlafen. Also beginnt es, das **„Schlafhormon" Melatonin** herzustellen. Das Blut transportiert diesen Stoff und wir werden müde.

Wenn Jugendliche in die Pubertät kommen – ungefähr ab 12 Jahren –, verschiebt sich ihr Schlafbedürfnis: Ihr Gehirn schüttet das Schlafhormon erst ein bis zwei Stunden später aus. Sie werden abends also tatsächlich später müde. Aber morgens klingelt erbarmungslos der Wecker. Viele Schlafexperten kritisieren deshalb, dass die Schulen so früh beginnen. Aber bisher ändert das leider niemand.

Ein Stück weit kannst du dir selbst helfen. Finde heraus, wie viel Schlaf dir guttut und wann dein bester Zubettgeh-Moment ist ... **und verschaffe dir ideale Schlaf-Bedingungen.**

So schläfst du leichter ein:

- Dein Zimmer sollte leise, dunkel und ziemlich kühl sein, um die 18 Grad.
- Fenster auf! Lass vor dem Schlafen nochmals richtig viel frische Luft ins Zimmer.
- Nimm kurz vor dem Zubettgehen keine schweren Mahlzeiten mehr zu dir.
- In der letzten Stunde vor dem Einschlafen gilt: möglichst Fernseher, Computer und Handys ausschalten. Schnelle Bildfolgen regen an. Außerdem signalisiert das blaue Licht der Bildschirme dem Körper: Es ist noch heller Tag, du musst nicht müde werden!
- Je ruhiger du die letzte halbe Stunde verbringst, desto besser. Du kannst zum Beispiel ein Hörbuch oder Musik hören oder ein – nicht zu spannendes – Buch lesen.

Geballte Faust – tiefer Schlaf

Eine bewährte Einschlaf-Methode heißt **„Progressive Muskelentspannung“**. Es gibt ganze Bücher und Kurse dazu. Aber eine Übung kannst du auch selbst probieren. **Leg dich bequem auf den Rücken und schließe die Augen.** Dann spannst du eine erste Muskelgruppe an: zum Beispiel die Finger deiner linken Hand. Balle sie zu einer festen Faust, halte die Spannung etwa 10 Sekunden und dann lass wieder los. Ungefähr 30 Sekunden lang spürst du, wie die Hand sich wieder entspannt und immer schlapper wird. Dann spannst du die nächsten Muskeln an und wiederholst das Ganze. Oberarm, Schultern, Mund, Stirn, Schultern, Bauch, Oberschenkel, Unterschenkel, Zehen: Langsam wanderst du den ganzen Körper entlang, spannst Muskeln an und beobachtest danach ruhig, wie sie sich entspannen.

Denk dich ins Traumland

Vielleicht hilft dir eine **Fantasiereise** beim Einschlafen. Denke an einen Ort, an dem du glücklich warst … vielleicht dein Lieblingsbadesee oder das Gebirge aus dem letzten Wanderurlaub. Stell dir alles genau vor: wie es dort aussieht, wie es riecht, welche Geräusche zu hören sind. Spaziere an deinem Lieblingsort herum, schau dir alles genau an. **Wenn alles gut geht, wirst du immer ruhiger, atmest immer tiefer, entspannst dich immer mehr.**

WIRKLICH WAHR!

Wissenschaftler betonen: Es ist völlig normal, dass man pro Nacht immer wieder aufwacht – und zwar bis zu 28 Mal! Ist man weniger als drei Minuten wach, kann man sich morgens überhaupt nicht mehr daran erinnern. **Wer allerdings „Nicht schon wieder!“ denkt und sich ärgert, verursacht eine Alarmreaktion im Körper … und kann dann tatsächlich nicht mehr einschlafen.**

„Hilf dir, wenn's mal schiefgeht!"
(oder: Fehler in Chancen verwandeln)

Heute schon was falsch gemacht? Wenn ja, dann darfst du dich ruhig ärgern – das ist völlig normal. Denn natürlich sind Fehler unangenehm, kratzen am Selbstbewusstsein. Aber versuch trotzdem, sie nicht allzu schwer zu nehmen. **Schon die alten Römer sagten: Irren ist menschlich!**

Die Schule vermittelt manchmal das Gefühl, dass jemand „schlecht" sei, weil er viele Fehler macht. Das ist natürlich Quatsch. Es ist wichtig, immer zwischen deiner Leistung und *dir selbst* zu unterscheiden: Etwas klappt nicht so richtig toll – aber deshalb bist du noch lange nicht fehlerhaft. **Niemand ist weniger wert, weil er manchmal Dinge falsch macht.**

Schau dir mal das Wort **FEHLER** an. Welches Wort bekommst du, wenn du die Buchstaben neu zusammenwürfelst?

Hast du es erkannt? **Du kannst das Wort FEHLER in HELFER verwandeln!** Das ist natürlich Zufall – aber trotzdem passt es genau.
Fehler können dir nämlich durchaus helfen.

- **Fehler können dich schlauer machen!** Was ist falsch gelaufen – und warum? Wie kannst du das künftig verhindern? Zugegeben: Es ist eine hohe Kunst, aus seinen Fehlern zu lernen. Dazu muss man sie nämlich erst mal zugeben und sich mit ihnen beschäftigen. Aber wenn du es schaffst, hat sich der Fehler gelohnt.

- **Fehler können dich kreativer machen!** Lösung A hat nicht geklappt. Aber es gibt ja auch noch Lösung B und Lösung C. Wenn etwas nicht funktioniert, könntest du aufgeben – oder es auf eine andere Art versuchen. In der Wissenschaft wird oft die Trial-and-Error-Methode benutzt. Übersetzt heißt das „Versuch und Irrtum". Man probiert so lange herum, bis etwas klappt. Die Fehlversuche weisen den Weg zur Lösung.

Fehler können dich mutig machen! Wer etwas verbockt hat, schiebt die Schuld gern auf die Umstände. Jetzt ist deine Chance, echte Größe zu zeigen, indem du zu deinem Fehler stehst. „Ich war's!“, „Ich hab mich getäuscht“, „Tut mir leid, das habe ich falsch gemacht!“ … Wenn du so etwas sagst, darfst du dir wirklich auf die Schulter klopfen – auch wenn du dich in dem Moment vielleicht schlecht fühlst.

Was ist bei dir in letzter Zeit schiefgelaufen?

Ein lustiger Fehler, über den ich jetzt lachen kann: ....

....

Ein Fehler, über den ich mich sehr geärgert habe: ....

....

Ein Fehler, aus dem ich etwas gelernt habe: ....

....

WIRKLICH WAHR!

Wenn Aufgaben zu einfach sind, lernen Schüler nichts. Wenn sie zu schwierig sind, schalten sie frustriert ab und geben sich gar keine Mühe mehr. Wissenschaftler haben herausgefunden, wann Lernen am besten funktioniert: wenn man 85 Prozent der Aufgaben richtig beantworten kann – und 15 Prozent falsch macht.

Deine Denkweise bestimmt

Wir hören gern, dass wir etwas richtig toll gemacht haben. Aber nicht jede Art von Lob tut uns gleichermaßen gut. Amerikanische Psychologen baten Kinder zum Beispiel, einen kniffeligen Test zu lösen. Hinterher lobten sie die Hälfte der Gruppe: Es sei wirklich großartig, wie sehr die Kinder sich angestrengt hätten! Das spornte die Kleinen an. Die meisten von ihnen trauten sich nun, einen noch schwierigeren Test auszuprobieren. Warum auch nicht? **Es ging ja darum, sich Mühe zu geben, selbst wenn man nicht alles perfekt machte!**

Die Psychologen lobten auch die zweite Hälfte der Gruppe, aber auf andere Weise: Glückwunsch, sagten sie zu den Kindern, der Test zeige, dass sie unheimlich intelligent seien! Die Kinder freuten sich. Aber nach dem Lob wählten sie nur noch einfachere Tests. Sie wollten jetzt nämlich Fehler vermeiden. Wahrscheinlich dachten sie: „Wenn ich diesmal schlecht abschneide, heißt das, dass ich doch nicht so schlau bin!" **Vorsichtshalber wollten sie nichts riskieren, was ihr Selbstbild in Frage stellte, und wagten sich deshalb nicht an eine neue Herausforderung.**

Viele Menschen haben eine solch „starre Denkweise": Sie sind beispielsweise davon überzeugt, dass es nur vom Talent abhängt, ob jemand etwas kann oder nicht. Schaffen sie etwas auf Anhieb nicht, fühlen sie sich wie Versager. Fehler machen ihnen Angst: Die bedeuten schließlich, dass sie etwas nicht beherrschen und leider auch nie lernen werden.

Viel günstiger ist die „Wachstums-Denkweise". Mit ihr verlieren Fehler ihren Schrecken, denn sie zeigen ja einfach nur, wo man sich noch verbessern kann, wenn man ordentlich übt und sich anstrengt.

Stell dir vor, du stehst vor einer schwierigen Aufgabe. Es ist wahrscheinlich, dass du Fehler machst – vielleicht sogar richtig viele. Aber heißt das, dass du es erst gar nicht versuchen sollst?

Letztlich kommt es nur auf deine Einstellung an!

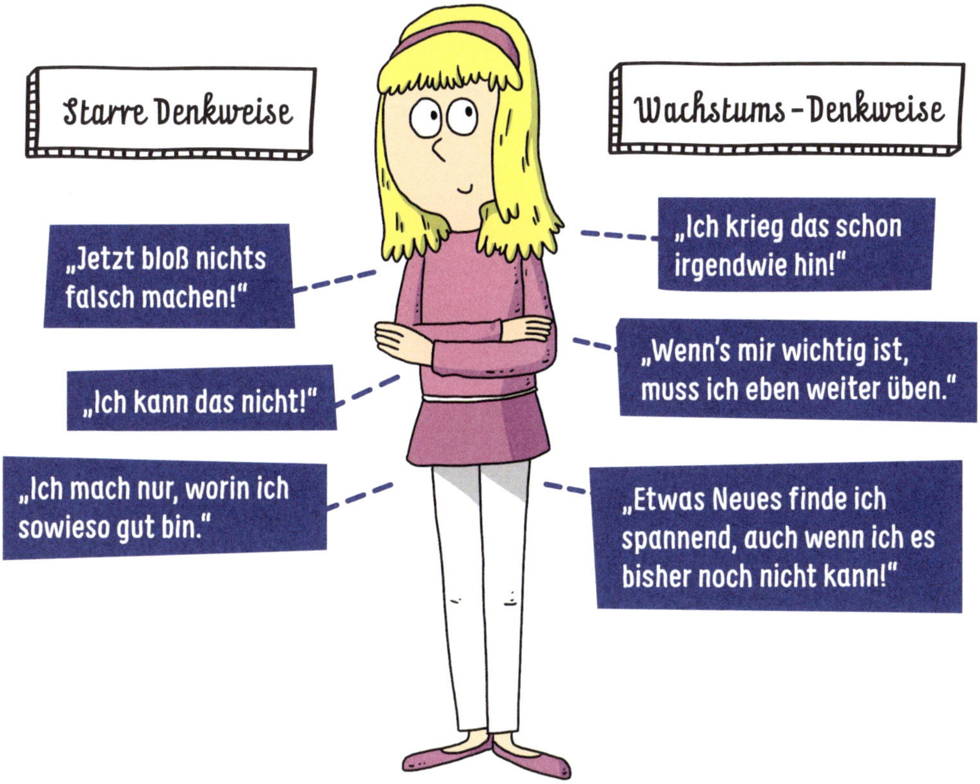

Fehler besagen eigentlich nur eines: dass du etwas noch nicht kannst. **„Noch“ ist ein echtes Zauberwort.** Es heißt nämlich, dass du an dich glaubst. Selbstverständlich auch, wenn du nicht alles perfekt machst. Ein Fehler zeigt einfach nur, wo du dich verbessern kannst.

WIRKLICH WAHR!

Wer fällt beim Klettern schon gerne vom Baum? Wahrscheinlich niemand. Und doch scheint es gar nicht so schlecht, wenn mal etwas schiefgeht. Eine norwegische Psychologin hat herausgefunden, dass Jugendliche seltener an Höhenangst leiden, wenn sie als Kinder beim Spielen und Klettern hin und wieder nach unten gestürzt sind. **Sie haben offenbar gelernt, dass es gar nicht so schlimm ist zu fallen.**

Topp oder Flop?

Was meinst du: **Welche Gedanken können dir weiterhelfen?** Welche sorgen dafür, dass du Fehler als Chance siehst und nicht mehr so schlimm findest?

Male den Rand mit einem gelben Stift aus.

Manchmal rutscht man in die **„Starre Denkweise“**. Dann hat man entmutigende Gedanken, die die Angst vor Fehlern schüren. **Erkennst du sie?**

Male den Rand mit einem roten Stift aus.

„Ich frage lieber nicht nach. Sonst klinge ich dumm.“

„Puh! Ganz schön mühsam, das zu lernen. Aber ich schaff das schon, wenn ich mich anstrenge.“

„Ich mach nur, worin ich sowieso gut bin.“

„Das ist mir zu schwierig.“

„Ich werde nie so gut wie XY.“

„Fehler sind peinlich. Deshalb verstecke ich sie wenn möglich.“

„Durch Fehler kann ich mich verbessern.“

„Etwas Neues finde ich spannend – auch wenn ich es noch nicht kann.“

„Ich bin gut im Probleme-Lösen.“

„Wie schafft XY es nur, dass er/sie so gut ist? Ich muss ihn/sie nach Tipps fragen.“

„Alle sagen, ich sei schlau. Also darf ich keine Fehler machen. Sonst zeigt das, dass sich alle in mir getäuscht haben."

„Besser kann ich das nicht."

„Fehler sind normal und überhaupt kein Drama."

„So klappt es nicht. Vielleicht muss ich's auf eine andere Art probieren?"

„Ich geb auf."

„Findest du einen der Gedanken besonders ermutigend?
Schreib ihn in diesen Rahmen und denk an ihn, wenn du das nächste Mal etwas schwierig findest."

Rückschläge gehören dazu

Manchmal schaut man auf bekannte Personen – und ist ziemlich neidisch. Wie schaffen die das nur? Es sieht aus, als würde ihnen alles mühelos gelingen, ohne Fehler, ohne Niederlagen.

Aber lass dich nicht täuschen.

Erfolg ähnelt nämlich einem Eisberg: Auch bei dem sieht man nur die Spitze. Der größte Teil des Eisbergs ist unsichtbar.

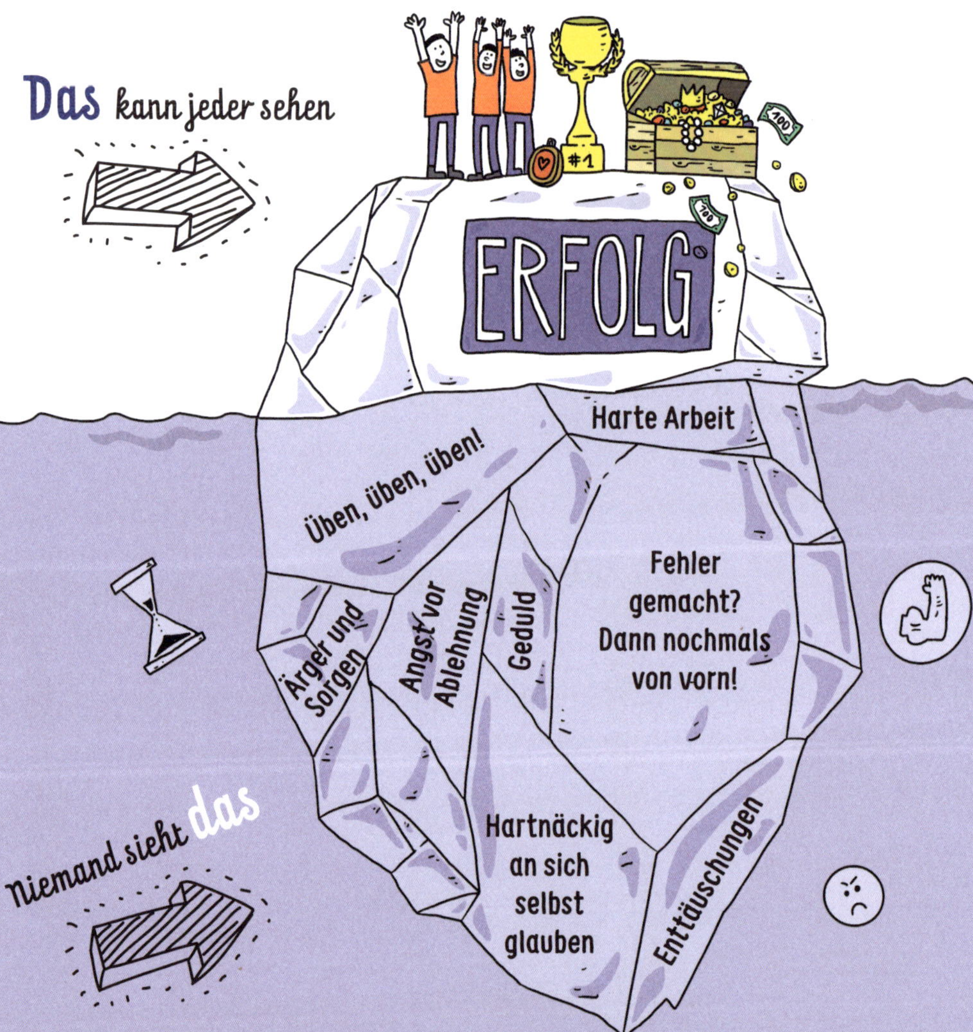

Auch sehr erfolgreiche Personen haben oder hatten oft mit Misserfolgen zu kämpfen.

Beispiele gefällig?

- Alle großen Verlage lehnten anfangs die Harry-Potter-Serie ab. Dabei hatte die Autorin **Joanne K. Rowling** damals bereits fünf harte Jahre lang an den Büchern gearbeitet. Letztlich erbarmte sich ein Verlag und druckte mickrige 500 Bücher. Die fanden reißenden Absatz. **Bis heute wurden mehr als 500 Millionen Harry-Potter-Bücher verkauft.**
- Die **Beatles** sind die erfolgreichste Band der Musikgeschichte. Aber auch sie hatten es anfangs nicht leicht. 1963 spielten sie erstmals bei einer großen Plattenfirma in London vor. Die Musikexperten fanden die Beatles ganz nett, erklärten aber, dass „Gitarrengruppen aus der Mode kommen" würden … **und schickten die frustrierten Jungs wieder zurück nach Hause.**
- Der amerikanische Basketball-Spieler **Michael Jordan** war bitter enttäuscht: An seiner Highschool durfte er zunächst nicht im besten Basketballteam mitspielen. Er war einfach noch zu klein und zu schlecht. Also übte er wie wild und konnte so im Jahr darauf den Trainer überzeugen. **Michael Jordan wurde zur Basketball-Legende und gilt bis heute als einer der besten Spieler, die es je gegeben hat.**

> **„Ich habe mehr als 9.000 Würfe nicht getroffen und fast 300 Spiele verloren. 26 Mal hat mir mein Team vertraut – und ich habe den alles entscheidenden Wurf vermasselt. In meiner Karriere musste ich wieder und wieder Misserfolge einstecken, aber ich habe niemals aufgegeben. Und deshalb war ich am Ende erfolgreich."**
>
> **Michael Jordan,**
> amerikanischer Basketballspieler

Überdurchschnittlich durchschnittlich

Jetzt hast du viel darüber gelesen, wie man aus Fehlern lernt – und dass du auch auf Gebieten wachsen kannst, die dir zunächst nicht liegen. Mit der richtigen Einstellung kannst du viel erreichen. Das ist toll! Aber lass dich davon auch nicht unter Druck setzen. Du musst dich nicht plötzlich **ÜBERALL** reinhängen und auf allen Gebieten brillieren. **Es tut gut, wenn man ganz entspannt zugeben kann:**

„In vielem bin ich nun mal Durchschnitt!“

Wie findest du diesen Satz? (Kreuze an!)

- [ ] Bei mir passt er leider nicht. In den meisten Dingen bin ich nun mal wirklich besser als andere.
- [ ] Hm. Wahrscheinlich stimmt der Satz. Aber irgendwie ist er mir unangenehm. Ich will kein Durchschnitt sein!
- [ ] Stimmt schon. In vielem bin ich Durchschnitt und ich habe kein Problem damit.

Psychologen haben festgestellt: Die meisten Menschen glauben insgeheim, dass sie mehr können und wissen als andere. Sie halten sich auch für überdurchschnittlich fair, freundlich und korrekt. Außerdem denken sie, dass sie andere besser einschätzen können und besonders gut mit ihren Mitmenschen auskommen. Die meisten Unternehmer glauben, sie hätten mehr drauf als ihre Konkurrenz. Und die meisten Professoren erklären, sie würden mehr arbeiten und besser unterrichten als ihre Kollegen.

PROBIER'S AUS

Frag mal deinen Vater, wie gut er Auto fährt! Ist er ein besserer Fahrer als der Durchschnitt? Es ist ziemlich wahrscheinlich, dass er sinngemäß antwortet: „Natürlich fahre ich viel umsichtiger als die meisten anderen!“ Und vielleicht stimmt das ja auch. Studien zeigen aber, dass neun von zehn Männern erklären, sie würden überdurchschnittlich gut Autofahren. Das sind 90 Prozent, das ist unmöglich! Mehr als 50 % können nicht über dem Durchschnitt liegen. Frauen schätzen ihre Fahrkünste meist realistischer ein.

Unzählige Studien zeigen, dass sehr viele Menschen ihre Fähigkeiten überschätzen – vor allem bei einfachen Aufgaben und bei Dingen, die sie häufig tun. Immerhin gewinnen sie so mehr Selbstvertrauen und fühlen sich besser.

Aber es besteht auch eine Gefahr: Wer sich überschätzt, plustert sich auf und macht sich größer, als er wirklich ist, und dann werden Fehler richtig bedrohlich. Die kratzen ja nämlich an dem schönen, überhöhten Bild, das man von sich gemacht hat!

Man kommt besser durchs Leben, wenn man ein realistisches Bild von sich hat. Ohne dich zu kennen, ist es ziemlich wahrscheinlich, dass es …

… ein paar Bereiche gibt, in denen du richtig gut bist.

… ein paar Bereiche gibt, in denen du eher eine Flasche bist.

… viele Bereiche gibt, in denen du durchschnittlich bist: halt okay, aber nicht herausragend.

Und weißt du was? Das ist völlig in Ordnung!

Juhu, in diesen Dingen bin ich Durchschnitt **– und kann mich trotzdem bestens leiden!**

Hier kannst du Eigenschaften, Fähigkeiten oder auch Schulfächer aufschreiben.

„Sag, was du willst!“

(oder: besser mit Kritik und Streit umgehen)

Bang! Das sitzt! „Mensch, was stinkst du heute nach Knoblauch!“, brüllt ein Klassenkamerad dir im Sportunterricht zu. Ein Mädchen sagt herablassend, deine neuen Kleider sähen „irgendwie billig“ aus. Dein Lehrer ermahnt dich vor der ganzen Klasse, weil du angeblich zu viel redest. Und nach einem Referat erklärt ein Mitschüler, dass du viel langsamer und lauter sprechen solltest, damit man dich besser verstehen kann.

Wie reagierst du auf diese Vorfälle? Bist du gekränkt, wütend, stänkerst zurück? Gibt es etwas, was du dir zu Herzen nimmst und tatsächlich veränderst?

Kritik fühlt sich häufig an wie ein persönlicher Angriff. Das Urteil anderer ist uns meist unangenehm – und manchmal ist es tatsächlich verletzend. Aber es lohnt sich, genauer hinzusehen und die Kritik zu sortieren. **Es gibt nämlich zwei völlig verschiedene Arten von „Ratschlägen“.**

Oft ist Kritik „destruktiv“, also zerstörend:

Im Grunde will der andere dich nur runtermachen und dafür sorgen, dass du dich so richtig schlecht fühlst.

Kritik kann aber auch „konstruktiv“ sein, also aufbauend:

Dann hörst du zwar ebenfalls, dass du etwas nicht gut machst, aber es sind Hinweise, die dir weiterhelfen sollen. Im Idealfall bekommst du sofort auch konkrete Vorschläge, was du vielleicht verbessern könntest. Solche Kritik ist zwar auch nicht angenehm, aber sie ist nützlich!

Das Schaubild auf der gegenüberliegenden Seite kann dir als Wegweiser im Umgang mit den Rückmeldungen deiner Mitmenschen dienen und dir helfen, gute und ungute Kritik voneinander zu unterscheiden.

Ist die Kritik gut gemeint?
Soll sie dir weiterhelfen?

JA

Findest du die Meinung dieser Person wichtig?

JA

Stimmt die Kritik?

Hm, schon!

Super! Die Kritik kann dir helfen. Schau, was du verbessern/ändern kannst!

Finde ich nicht!

Dein Kritiker meint es gut. Aber du musst ihm nicht zustimmen. Du kannst es nicht jedem recht machen.

NEIN

NEIN

Vergiss es! Schüttel sie ab!
Die Kritik ist nicht wichtig.

In jedem Fall gilt:
Du bist prima, wie du bist!
Kritik darf infrage stellen, was du machst.
Aber nie dich als Person!

Welche Kritiker-Typen erkennst du?

Im Alltag hast du es mit verschiedenen Arten von Kritikern zu tun. Manche kannst du getrost ignorieren. Anderen solltest du vielleicht zuhören.

Schau die Sammelkärtchen an.

Der Macht-Kritiker

Allgemein: Was er sagt, ist ein Schlag ins Gesicht. Er will andere klein machen, um sich größer zu fühlen. Dabei ist er selbst oft sehr empfindlich, wenn jemand ihn kritisiert.

Hier findest du ihn: Gibt's überall (leider).

Wert seiner Kritik: Nullkommanichts! Auch wenn es nicht leichtfällt: Vergiss was er über dich sagt. Es hat nichts mit dir zu tun.

Der Besserwisser

Allgemein: Muss zu allem seinen Senf geben. Er zählt gern in einer 10-Punkte-Liste auf, was du anders hättest machen können. Seine anstrengende Art macht es schwer, Kritik von ihm anzunehmen.

Hier findest du ihn: Vor allem in der Schule und unter (älteren) Geschwistern

Wert seiner Kritik: Er nervt, aber er hat oft nicht unrecht. Atme tief durch – und hör dir zumindest an, was er zu sagen hat.

Der fiese Durchblicker

Allgemein: Er will dich böse treffen. Was er sagt, verletzt dich. Aber gleichzeitig spürst du, dass seine Kritik einen wahren Kern hat.

Hier findest du ihn: Je besser dich jemand kennt, desto eher wird er zum „fiesen Durchblicker".

Wert seiner Kritik: Dein Ärger ist berechtigt: So darf niemand mit dir umspringen! Wahrscheinlich dauert es, bis deine Wut verpufft. Dann kannst du den „wahren Kern" betrachten und überlegen, ob du tatsächlich etwas ändern solltest.

Von wem nimmst du Kritik an?

Schreibe Menschen auf, deren Urteil du vertraust:

....

....

Von wem lässt du dir ab sofort nichts mehr sagen?

Manche „Kritiker" sind so dreist und gemein, dass du wirklich nichts auf das geben solltest, was sie von sich geben:

....

....

....

> **„Die Anzahl unserer Neider bestätigt unsere Fähigkeiten."**
>
> **Oscar Wilde,**
> irischer Schriftsteller

Hat das jetzt was mit mir zu tun?

Vielleicht kennst du das selbst: Es ist einer dieser blöden Tage. Du hast dich mit jemandem gestritten, die Hausaufgaben nehmen kein Ende ... und dann platzt deine kleine Schwester rein. Sie fragt, ob sie mit deinem alten Lego-Set spielen darf. Normalerweise hättest du kein Problem damit. Aber übellaunig, wie du bist, willst du jetzt Dampf ablassen: Du brüllst deine Schwester an, dass sie eine Nervensäge ist, dass sie dich immer stört und dass sie nicht mit deinen Sachen spielen darf, weil sie alles nur kaputt macht. **Gerecht ist das natürlich nicht. Insgeheim weißt du, dass deine schlechte Laune gar nichts mit deiner Schwester zu tun hat.**

Reagierst du manchmal deinen Frust an der falschen Person ab? Pöbelst und meckerst du, obwohl der andere (fast) gar nichts dafür kann?

- ☐ Nein, das würde ich nie tun!
- ☐ Hm. Das kommt tatsächlich vor.

Andere Leute verhalten sich nicht besser als du, selbst Erwachsene wie Eltern und Lehrer nicht! Wenn jemand dich unfreundlich oder unfair behandelt, dann frag dich unbedingt: **Wie viel hat das eigentlich mit mir zu tun? War ich wirklich der Auslöser?**

Bei einem Vulkan siehst du nur die große Explosion – und nicht all das, was unter der Oberfläche brodelt. Meist hat sich dort enormer Druck aufgebaut. Und der führt schließlich zum Ausbruch.

Fällt dir jemand ein, der plötzliche Wutanfälle bekommt oder dich wegen Kleinigkeiten anmeckert?

Ja, zum Beispiel ....

Was könnte sich bei ihm/ihr unter der Oberfläche verstecken?
Umkreise links unter dem Vulkan die Antworten, die stimmen könnten, und überlege weitere Möglichkeiten:

....

....

Oft hat es also nichts mit dir zu tun, wenn jemand dir blöd kommt – sondern der andere hat selbst Probleme. Hast du das erkannt, musst du nicht mehr alles an dich herankommen lassen.

SCHÜTTEL ES AB!

Friede, Freude, Eierkuchen?

Wie einfach wäre das Leben, wenn wir immer mit all unseren Mitmenschen auskommen würden. Aber so läuft es natürlich nicht: Oft ist man sich uneinig, gerät aneinander und manchmal kommt es zu einem handfesten Streit. Das ist nicht schlimm. Es wäre nicht gut, Konflikte immer unter den Teppich zu kehren: Durch sie kommen Probleme ja überhaupt ans Licht. Man kann sie besprechen und im Idealfall lösen.

Allerdings gerät ein Streit leicht außer Kontrolle. Dann geht es nur noch darum, zu gewinnen oder zu verlieren – oder den anderen noch wütender zu machen.

Einen Konflikt kannst du auf unterschiedliche Weise lösen. Im Prinzip hast du vier verschiedene Möglichkeiten.

STREITLÖSUNG 1: VERMEIDEN!

Ist der andere ist überhaupt nicht an einer Lösung interessiert? Will er dich eigentlich nur auf die Palme bringen? Dann ist Vermeiden oft eine gute Strategie. Lass dich nicht provozieren. Sag deutlich, dass du nicht mitmachst: „Ich lasse mich nicht so behandeln!“, „Ich will, dass du mich in Ruhe lässt!“, „Ich streite nicht mit dir!“. Sag es entschieden, aber möglichst emotionslos, denn der andere will dich ja gerade reizen. Und dann verziehst du dich, auf einen anderen Teil des Schulhofs oder in dein Zimmer, wenn du mit Geschwistern streitest.

STREITLÖSUNG 2: NACHGEBEN!

Manchmal gerät man in einen Streit, obwohl einem der Grund gar nicht so wichtig ist. Dann gilt der alte Spruch: Der Klügere gibt nach. Allerdings solltest du nicht dauernd einknicken, nur um deinen Frieden zu haben. Hör auf dein Bauchgefühl, ob du diesmal wirklich schulterzuckend nachgeben kannst. **Steh ansonsten für deine Interessen ein!**

STREITLÖSUNG 3: DURCHSETZEN!

Auch damit beendest du einen Konflikt: indem du auf Biegen und Brechen deinen Standpunkt durchsetzt. Das solltest du aber nur tun, wenn dir etwas so ungeheuer wichtig ist, dass es keinen Kompromiss für dich geben kann. (Ganz ehrlich: Wie oft ist das wirklich der Fall?) Du lässt den anderen damit als gekränkten Verlierer zurück. Wahrscheinlich wird er dir das nicht so schnell verzeihen.

STREITLÖSUNG 4: SICH IN DER MITTE TREFFEN!

Wenn jeder ein Stück weit nachgibt, könnt ihr zu einem Kompromiss gelangen. Aber dazu müsst ihr euch wirklich um Verständigung bemühen. Stellt offene Fragen, um herauszufinden, was dem anderen besonders wichtig ist. Deine Eltern wollen den ganzen Sonntag bei Tante Suse verbringen – du wehrst dich mit Händen und Füßen. Warum? Vielleicht machen deine Eltern sich Sorgen um die einsame Tante. Und du willst da nicht hin, weil ihr immer nur kaffeetrinkend in der Wohnung hockt. Ein möglicher Kompromiss: Ihr überlegt einen Ausflug, der allen Spaß macht, und ladet Tante Suse dazu ein. Jeder gewinnt!

PROBIER'S AUS

Normalerweise soll man nicht immer nur von sich selbst reden. **Aber bei Konflikten können Ich-Botschaften ungemein helfen.** Mit ihnen rückst du deine eigenen Ansichten und Gefühle in den Vordergrund. Dein Gegenüber nimmt das eher an, als wenn du ihm vorhältst, was ER alles falsch macht. Pflaum also nicht deinen Bruder an: „Deine verdammte Musik ist viel zu laut!“, sondern probier's mal mit „Ich hör die Musik bis in mein Zimmer und das macht mich ganz nervös.“ Vielleicht dreht er tatsächlich leiser?

„Alle unsere Streitereien entstehen daraus, dass einer dem anderen seine Meinung aufzwingen will.“

Mahatma Gandhi,
indischer Politiker und Morallehrer

So bin ich, wenn gestritten wird

Darüber rege ich mich besonders leicht auf: ....

....

Darum ging's beim letzten Streit, an den ich mich erinnern kann: ....

....

Wie hat sich hinterher alles gelöst? ....

....

Mit ihm/ihr kriege ich mich besonders leicht in die Haare: ....

So nachtragend bin ich (male den Balken bis zum richtigen Punkt an):

Gar nicht	Mittel	Sehr!

In Konflikten verhalte ich mich oft wie ...
(*mehrere Antworten möglich*):

- ☐ ein **Rechthaber** (will sich durchsetzen und das letzte Wort haben)
- ☐ eine **Schildkröte** (zieht sich zurück und vermeidet Konflikte)
- ☐ ein **Ausdiskutierer** (versucht zuzuhören, zu reden und dadurch den Konflikt zu lösen)
- ☐ ein **Hitzkopf** (wird schnell wütend und streitet voller Leidenschaft)
- ☐ ein **Türknaller** (rennt weg oder verweigert sich, wenn es Streit gibt)
- ☐ ein **Raufbold** (tritt, schlägt, vertritt Meinung mit Fäusten)
- ☐ ein **Softball** (gibt häufig nach, ordnet sich unter und unterdrückt, was er eigentlich will)

Das könnte ich besser machen: ....

....

Am ehesten beginne ich einen Streit ...

- ☐ wenn ich ungerecht behandelt werde
- ☐ wenn jemand mir Vorschriften macht, die ich nicht einsehe
- ☐ wenn jemand mich mit seinem Verhalten nervt
- ☐ wenn ich meinen Frust loswerden will
- ☐ wenn jemand sich über mich lustig macht
- ☐ wenn ....

So sehe ich aus, wenn ich wütend bin:

Ihm/ihr würde ich gerne mal so richtig meine Meinung sagen: ....

....

So gut bin ich im Entschuldigen:

- ☐ Champion
- ☐ Wenn's sein muss, mache ich es
- ☐ Entschuldigen fällt mir total schwer

So sorgst du garantiert für Zoff!

Bist du ein **Hitzkopf** oder eine **Drama-Queen**? Genießt du es, wenn die Fetzen fliegen? Dann bekommst du hier **acht sichere Tipps**, wie du dein Gegenüber fuchsteufelswild machst und einen Riesenkrach provozierst.

(Ach, das willst du gar nicht? Dann erfährst du in den Klammern, wie du unnötigen Streit vermeidest, Diskussionen meisterst und deinen Standpunkt gut vertrittst.)

Tipp 1:

Beginne Diskussionen am besten, wenn der andere es eilig hat oder eh schon müde und genervt ist. Das bringt ihn am schnellsten zur Weißglut. (**ODER: Wähle einen schlauen Zeitpunkt, wenn du etwas Schwieriges besprechen willst. Konflikte löst du am besten unter vier Augen, ohne großes Publikum.**)

Tipp 2:

Unterbrich den anderen ständig. Schleudere Antworten zurück, ohne zuzuhören. Es interessiert dich nicht die Bohne, was er zu sagen hat! (**ODER: Hör wirklich zu und versuch, den anderen zu verstehen. Was sind für ihn die Knackpunkte in dem Streit? Profis fassen das zwischendurch kurz zusammen: „Dir geht es also darum, dass ....?" Das kommt dir anfangs vielleicht blöd vor. Aber dadurch wird deutlich, was der andere überhaupt will und wie ihr vielleicht eine Lösung finden könnt.**)

Tipp 3:

Benutze möglichst allgemeine Beschuldigungen wie „**Immer** machst du ...!" und „**Nie** kannst du mal ...!". Eltern hassen auch Argumente wie **„Aber alle anderen** dürfen/machen das!" (**ODER: Sag ganz konkret, was dich stört, was du anders haben willst oder was du vorschlägst, um einen Konflikt zu beheben.**)

Tipp 4:

Reibe dem anderen alten Kram unter die Nase, also Dinge, über die du dich vor längerer Zeit geärgert hast. Um die geht es zwar gerade gar nicht, aber du bist nun mal nachtragend. (**ODER: Bleib bei dem Punkt, um den sich eure Diskussion heute dreht. Fordere ruhig auch den anderen dazu auf: „Es geht jetzt aber doch um ...!"**)

Tipp 5:

Am schönsten lässt sich streiten, wenn du vor Wut nur noch rotsiehst. (**ODER**: Willst du wirklich etwas klären, musst du halbwegs ruhig sein. Atme tief ein und aus. Zur Not kannst du sagen: „Ich brauch kurz eine Auszeit. Lass uns in fünf Minuten darüber reden!" Oder schlaf mal eine Nacht.)

Tipp 6:

Beschimpfe den anderen wild. Sei richtig gemein. Verletze ihn böse. Er soll sich noch lange an diesen Streit erinnern! (**ODER**: Sag nichts, was du später bereust und was dem anderen wehtut. Böse Worte sind wie Zahnpasta: Die bekommt man auch nicht mehr zurück in die Tube, wenn sie mal draußen ist.)

Tipp 7:

Angriff ist die beste Verteidigung! Wenn jemand dein Verhalten kritisiert, holst du sofort zum Gegenschlag aus. Dein Gegenüber ist ja auch nicht besser! Wirf ihm irgendetwas vor, auch wenn es mit der eigentlichen Diskussion nichts zu tun hat. (**ODER**: Lenk nicht von dir ab, wenn es um dein Verhalten geht – auch wenn die Versuchung groß ist. Sonst machst du den Streit immer größer und grundsätzlicher!)

Tipp 8:

Entschuldige dich bloß nicht. Niemals! (**ODER**: Man geht im Streit leicht zu weit – und sollte sich dann hinterher entschuldigen. Hast du etwas kaputt gemacht, solltest du es ersetzen. Richtig abgeschlossen ist ein Konflikt, wenn ihr euch hinterher versöhnt habt. Wetten, dass du dich dann auch wirklich besser fühlst?)

„Mach dich glücklich!"

(oder: Neues lernen und Gutes tun)

Es gibt verschiedene Arten von Glück. Zum Beispiel das **Jippie-Yeah-Gefühl**, wenn man zufällig einen Fünf-Euro-Schein findet. Oder die wundervollen **Glücksmomente**, die einen manchmal plötzlich überkommen. Glück kann aber auch bedeuten, dass man durch sein Leben segelt, als hätte man stets ein bisschen Rückenwind. Dass man **grundlegend und dauerhaft zufrieden ist.** Viele Menschen erklären, dass diese Art von Glück ihr großes Ziel sei.

Wie siehst du das denn?

- ☐ Stimmt. Letztlich geht es im Leben ums Glücklichsein!
- ☐ Falsch. Ich finde etwas anderes viel wichtiger, nämlich ....

  ....
- ☐ Hm. Zufriedensein ist super. Aber man sollte dem Glück nicht hinterherrennen.

Forscher versuchen zu entschlüsseln, ob und wie man dieses **„Lebensglück"** beeinflussen kann. Sie haben zum Beispiel herausgefunden, dass unser Erbgut mitbestimmt, ob jemand ein Talent fürs Glücklichsein hat. Gene beeinflussen unter anderem, wie „Glückshormone" in unserem Gehirn wirken und welche Charaktereigenschaften jemand hat. Daran lässt sich kaum etwas ändern. Ob jemand eher zufrieden ist oder eher ein Nörgler, könnte etwa zur Hälfte erblich sein.

Aber natürlich spielen auch die Lebensumstände eine große Rolle. Hunger und Krieg zum Beispiel machen unglücklich – das ist nicht sehr überraschend. Aber wie sieht es in wohlhabenden Ländern aus? Muss man etwa im Geld schwimmen, um glücklich zu sein? Forscher winken ab: Es reicht, wenn man durchschnittlich viel hat und sich nicht dauernd Sorgen machen muss. Ab dieser Grenze bewirken Geld und schicke Dinge kaum, dass jemand sich wirklich besser fühlt. Selbst Multimillionäre beurteilten in einer Studie ihr Leben nur ein winziges bisschen positiver als zufällig ausgewählte Durchschnittsbürger.

Was zu einem zufriedenen Leben beiträgt? Letztlich wirst du das selbst herausfinden müssen. Aber bei ein paar Punkten sind sich die Glücksforscher ziemlich sicher. So helfen warme, liebevolle Beziehungen mit Familie oder Freunden. Spannende

> **„Das Glück liegt in uns, nicht in den Dingen."**
>
> **François de La Rochefoucauld,**
> französischer Schriftsteller

Tätigkeiten bei der Arbeit und in der Freizeit. Und das Gefühl, dass das Leben einen höheren Sinn hat, dass man seine Zeit nicht nur zwecklos verstolpert. **Oft sind diejenigen zufriedener, die anderen helfen, die aktiv sind, sich für etwas einsetzen oder sich engagieren.**

Für mich bedeutet Glück: ....

....

Mein Glücksbringer: ....

Yippie-Yeah-Zufallsglück hatte ich, als ....

....

Müsste ich meinem „Lebensglück" eine Note geben, wäre das: ....

Viele Menschen träumen von einem Lottogewinn. Aber dauerhaft macht er überhaupt nicht glücklich. Das glaubt zumindest ein amerikanischer Psychologe, der die Gewinner hoher Geldsummen begleitet hat. Anfangs waren sie vor Begeisterung aus dem Häuschen. Aber schon nach ungefähr drei Monaten waren sie wieder ungefähr genauso zufrieden oder unzufrieden wie zuvor.

Ein Hoch auf Freunde!

Einer der größten Glücksbringer, die wir haben können, sind Freunde. Wir brauchen Menschen, die uns nahe sind, die es von Herzen gut mit uns meinen. Dabei müssen es gar nicht so viele sein: Die meisten haben nur ein bis zwei allerbeste Freunde. **Mit ihnen können wir Tränen lachen, aber auch schwierige Zeiten meistern. Sie nehmen uns so, wie wir sind, mit Stärken und Schwächen.**

Grund genug, hier einen deiner Freunde zu feiern!

Name des Freundes/der Freundin: ....

Daher kennen wir uns: ....

Wir sind befreundet seit ungefähr .... Jahren!

Das mag ich besonders an ihm/ihr: ....

....

Daran erkennt man ihn/sie von Weitem: ....

Zusammen machen wir am liebsten: ....

Darüber haben wir uns kürzlich schlapp gelacht: ....

....

Etwas Nettes, das er/sie für mich gemacht hat: ....

Etwas Nettes, das ich für ihn/sie gemacht habe: ....

Hierin ähneln wir uns nicht so: ....

Da haben wir Mist gebaut: ....

....

Wenn alles möglich wäre, sollten wir diese irre gemeinsame Reise machen:

....

Gute Freunde – schlechte Freunde

An manchen Freunden zweifelt man nicht. Aber bei anderen ist man vielleicht nicht so sicher, ob sie es wirklich gut mit einem meinen. Denk an diesen „Freund" oder diese „Freundin" – und mach den Test! **Je mehr Kreuzchen du im oberen, guten Bereich machst, desto besser! Mehrere Kreuze im unteren Teil sollten dir zu denken geben.**

> **„Für die Welt bist du irgendjemand. Aber für irgendjemand bist du die Welt."**
>
> **Erich Fried,**
> österreichischer Dichter

Gut

- [ ] Er/sie bietet in schlechten Zeiten Hilfe an.
- [ ] Wenn du ihn/sie siehst, bekommst du gute Laune.
- [ ] Auf ihn/sie kannst du dich verlassen. Er/sie würde nie eins deiner Geheimnisse weitertratschen.
- [ ] Ihr hört euch gegenseitig zu.
- [ ] Es macht Spaß, etwas gemeinsam zu unternehmen und Zeit zu verbringen.
- [ ] Du musst nicht über alles nachdenken, was du vor ihm/ihr sagst.

Problematisch

- [ ] Er/sie zieht dich runter, zweifelt an dir … und gönnt dir deine Erfolge nicht.
- [ ] Er/sie bittet dich häufig um Gefallen, tut selbst aber nichts für dich.
- [ ] Er/sie respektiert deine Ansichten und Interessen nicht, sondern macht sich über sie lustig.
- [ ] Fast immer musst du etwas vorschlagen oder organisieren. Von ihm/ihr kommt nichts.
- [ ] Er/sie kommandiert dich immer herum.
- [ ] Er/sie enttäuscht dich regelmäßig.

Wettbewerb im Freundlich-Sein

Ich! Ich! Ich! Eigentlich müsste derjenige sich am besten fühlen, der sich ständig in den Vordergrund drängelt und dafür sorgt, dass sich alles nur um ihn dreht.

Fällt dir zufällig jemand ein, der so ist?

Ja, zum Beispiel .... (bitte ausfüllen!)

Hast du den Eindruck, dass er/sie ein glücklicher Mensch ist? Jemand, der heiter und zufrieden durchs Leben geht? Wärst du gerne wie diese Person?

☐ Ja! ☐ Nein, bloß nicht!

Vielleicht solltest du stattdessen auf eine oft verkannte Superkraft setzen:
auf Freundlichkeit! Unzählige Studien zeigen, dass man sich selbst einen Gefallen tut, wenn man gut mit seinen Mitmenschen umgeht. Wer anderen hilft, fühlt sich dadurch selbst optimistischer, stärker und selbstbewusster. Das Gehirn produziert Hormone, die wie ein kleiner, feiner Energiekick wirken. Wenn du etwas Nettes für jemanden machst, poliert das auch ein bisschen dein Selbstbild auf und lässt dich innerlich strahlen. **Denn Freundlichkeit ist wie ein Bumerang. Der kommt im Idealfall ja auch zu einem zurück, wenn man ihn wirft.**

Was war etwas besonders Nettes, was jemand für dich gemacht hat?

Wie viele Sternchen verdienst du normalerweise für deine Freundlichkeit? Male sie an!
(0 Sterne = grummeliger Obermuffel
6 Sterne = super-giga-mega-freundlich)

☆ ☆ ☆ ☆ ☆ ☆

Wem hast du heute schon einen Gefallen getan?

Jetzt wird's aber etwas kompliziert. **Es ist wunderbar, wenn du dich durch echte Freundlichkeit selbst auch ein bisschen besser fühlst.** Aber du solltest nichts im Tausch **erwarten**, keine Gegenleistung – ja nicht einmal Lob oder Applaus. Manche Menschen tun nämlich nur „Gutes", weil sie sich einen handfesten Vorteil ausrechnen. Aber derart verlogene Freundlichkeit ist … na ja, eben **falsch! Oder wie schätzt du das ein? Kreuz an, was denkst.**

Du spielst deiner Oma etwas auf dem Klavier vor – weil du weißt, dass sie dann gerührt ist und dir Geld zusteckt.

☐ Finde ich falsch ☐ Ist in Ordnung

„Wow, das sieht ja suuuper aus!" Du lobst das mittelmäßige Kunstwerk eines Klassenkameraden – weil du hören willst, dass deins ja noch viel toller ist.

☐ Finde ich falsch ☐ Ist in Ordnung

Du fragst extra laut, ob du für eine schwangere Frau im Bus aufstehen sollst, damit auch alle Leute drum herum es hören und dich für deine Höflichkeit loben.

☐ Finde ich falsch ☐ Ist in Ordnung

PROBIER'S AUS

Mach etwas für andere – ohne dich dabei ertappen zu lassen. Räum heimlich den herumliegenden Kram im Wohnzimmer weg, der deine Mutter nervt. Stell Fahrräder auf, die der Wind umgepustet hat. Gieß den trockenen Blumenkübel der Nachbarn. Schmuggel deinen Geschwistern ein paar Gummibärchen in ihre Schulbrotdose. Bemale Steine mit Sprüchen wie **„Viel Glück!"** oder **„Schön, dass es dich gibt!"** und lege sie an Plätze, wo andere Leute sie finden.
Wie fühlst du dich bei solchen Aktionen, wenn du keine Anerkennung bekommst? Vielleicht hast du trotzdem ein gutes Gefühl. Wenn nicht, dann ist es auch in Ordnung. **Du warst freundlich, ohne etwas im Gegenzug zu erwarten. Dafür kannst du dir selbst auf die Schulter klopfen.**

„Glück ist ein Wunderding. Je mehr man gibt, desto mehr hat man."

Germaine de Staël-Holstein, französische Schriftstellerin

Versüße jemandem den Tag, indem du ihm ein ehrliches Kompliment machst! Das ist wie ein kleines Geschenk.

Vielleicht fällt dir Komplimente-Machen schwer. Das geht vielen Menschen so. Aber beobachte einfach deine Mitmenschen – und denk dabei positiv. Was fällt dir Gutes an ihnen auf? Hier sind ein paar Tipps, die du ausprobieren kannst.

Für Anfänger:

- Am einfachsten ist es, einem Familienmitglied etwas Nettes zu sagen. Vielleicht war die Pasta-Soße heute Abend besonders köstlich? Dann lob den Koch oder die Köchin.
- Mach einem Freund oder einer Freundin ein Kompliment über sein Aussehen („Warst du beim Friseur? Sieht gut aus!"). Das ist zwar nicht sehr originell, aber trotzdem nett.

Für Fortgeschrittene:

- Die meisten Menschen hören besonders gerne Komplimente, weil sie etwas gut können. Zum Beispiel: „Ich find's echt Wahnsinn, dass du mit dem Einrad fahren kannst." (Nicht so gut: „Du bist wirklich eine Meisterin darin, wie eine arrogante Zicke zu wirken! Wie schaffst du das nur?")

Für Komplimente-Champions:

- Sag jemandem, welche Eigenschaften du an ihm bewunderst. Dass er besonders kreativ, sozial, cool oder witzig ist.
- Mach jemandem ein Kompliment, der selten eines bekommt (zum Beispiel dem Hausmeister, dem Busfahrer oder einem Klassenkameraden, der nicht so beliebt ist).

WIRKLICH WAHR!

Für eine Studie haben Studenten in Imbissbuden 800 Döner gekauft. Sie haben dabei entweder sachlich-korrekt bestellt („Einen Döner, bitte!"). Oder sie haben vorher dem Verkäufer ein Kompliment gemacht („Bei Ihnen schmeckt es mir am besten!"). Das Ergebnis: Den besonders Freundlichen packten die Verkäufer ein Zehntel mehr Fleisch ins Fladenbrötchen. Auch in Eisdielen erhielten die Studenten durchschnittlich 10 Prozent mehr, wenn sie dem Verkäufer vorher ein Kompliment gemacht hatten.

Natürlich musst du ab jetzt kein Heiliger werden. Aber vielleicht hast du Lust bekommen, ab und zu ganz bewusst etwas Freundliches zu machen. Dir fällt bestimmt etwas ein! Du könntest mit einem Freund deinen leckeren Müsliriegel teilen, deinen Opa anrufen oder mit jemandem reden, der verloren in der Ecke steht.

Geschafft? Das ist großartig!

Dann male ein „Fach" vom Kleeblatt an. Oder von dem Hufeisen oder vom Regenbogen. Wie viele Tage brauchst du, bis ein Glücksbringer ganz bunt ist?

Runter vom Sofa

Schlechte Nachrichten für Sesselpupser: Wir fühlen uns nicht wohl, wenn wir vor uns hindümpeln oder uns immer nur berieseln lassen. Schuld daran ist unser Gehirn: Es belohnt uns nämlich vor allem dann mit Glückshormonen, wenn wir aktiv sind. Es will, dass wir die Welt nicht nur anschauen, sondern uns selbst in ihr erproben.

Lern etwas Neues!

Du musst schon jede Menge Stoff für die Schule büffeln. Aber das ist hier nicht gemeint. Es gibt sicher viele Dinge, die du eigentlich gerne beherrschen würdest und die Spaß machen. **Was hält dich auf?**

- Lern jede Woche, wie man ein Gericht kocht ... eins, das dir wirklich schmeckt!
- Bring dein Fahrrad in Höchstform. Lern, wie man platte Reifen flickt.
- Plauder im nächsten Urlaub Italienisch, Türkisch oder Schwedisch ... jedenfalls ein bisschen. Es gibt viele Lern-Apps fürs Handy. In der Bücherei kannst du Sprachkurse mit Büchern und CDs ausleihen.
- Das wollte ich auch schon immer lernen: ....
....
....

Tu's zum ersten Mal!

Was du noch nie getan hast, ist automatisch spannend. Manche Dinge solltest du am besten zusammen mit deinen Eltern probieren. Aber du hast auch das ideale Alter, um immer unabhängiger zu werden. Selbst Alltagsdinge werden zum Abenteuer, wenn du sie zum ersten Mal alleine machst.

Ein paar Ideen:

- Alleine im Kleidergeschäft ein T-Shirt oder etwas anderes zum Anziehen kaufen. (Besprich vorher, welche Größe du brauchst und wie viel Geld du ausgeben darfst.)
- Nur mit Freunden ins Kino gehen, ins Schwimmbad oder zur Eislaufbahn.
- Mit deiner Familie eine Nachtwanderung im Wald machen.
- Irgendwo zelten! Ein Kanu mieten!

- In ein Ferienlager fahren, ohne jemanden zu kennen.
- Zum ersten Mal allein mit dem Fahrrad/dem Bus/dem Zug irgendwo hinfahren, zu einem deiner Hobbys zum Beispiel. Oder besuche jemanden in der nächstgrößeren Stadt. (Sag natürlich vorher deinen Eltern Bescheid.)

„Glück ist alles, was die Seele durcheinanderrüttelt."
Arthur Schnitzler, österreichischer Schriftsteller

Das könnte ich endlich ausprobieren:

....

....

....

Mach's selbst!

"Do it yourself" liegt voll im Trend. Immer mehr Menschen finden es langweilig, nur fertige Produkte zu kaufen. E**s macht nämlich viel zufriedener, wenn man etwas mit den eigenen Händen erschafft.** Was? Völlig egal – Hauptsache, du hast Spaß! Ideen und Anleitungen gibt es zuhauf im Internet. Gib als Suchbegriff **„Tutorial"** ein und das, was du machen oder lernen willst.

Du könntest zum Beispiel ...

- bunte Monster häkeln
- eine Wasser-Rakete bauen
- alte Jeans zerschneiden und Taschen daraus nähen
- 100 Origami-Kraniche falten und ein riesiges Mobile machen
- eine Lampe für dein Zimmer entwerfen

Wirklich wahr!

Auch Berühmtheiten haben glücksbringende Hobbys. Physik-Genie Albert Einstein hat gerne Holz gehackt. Der römische Kaiser Diokletian hat mit Leidenschaft Gemüse gezüchtet. Der ehemalige US-Präsident Barack Obama kocht gerne. Und die Sängerin Taylor Swift bastelt Schneekugeln aus alten Marmeladengläsern und verschenkt sie an Weihnachten an ihre Lieben.

Glückskiller Neid

Jemand aus deiner Klasse macht einen Traumurlaub in Australien. Jemand wird überschwänglich gelobt, obwohl du dir mehr Mühe gibst. Jemand besitzt Dinge, die du dir sehnlichst wünschst. Jemand bekommt eine bessere Note. Und du? Vielleicht ärgerst du dich kurz und zuckst dann mit den Schultern. Aber vielleicht verspürst du auch ein unschönes, nagendes Gefühl. **Neid! Wieso kann, darf, bekommt ein anderer etwas – und du mal wieder nicht?**

Wohl jeder ist ab und zu neidisch ... und fühlt sich richtig schlecht dabei. Denn Neid verunsichert und tut weh. Man fühlt sich ausgeschlossen und benachteiligt.

Hand aufs Herz: Wie ist das bei dir? Wie oft spürst du Neid?

☐ Häufig ☐ Manchmal ☐ Nie

Auf wen warst du zuletzt neidisch? ....

Warum? ....

Neid entsteht, weil wir uns dauernd mit anderen vergleichen – mit Menschen, die (scheinbar) besser dastehen. **Doch das ist unfair gegenüber uns selbst.** Natürlich gibt es immer Leute, die mehr haben oder etwas noch besser können. Aber wir picken beim Vergleichen immer nur einzelne Punkte heraus: Den einen Klassenkameraden beneidet man vielleicht um die Australienreise (aber ganz sicher nicht um sein schlimmes Asthma); den anderen um die guten Noten (aber nicht um das winzige Zimmer, das er mit seinem Bruder teilt).

Am stärksten beneiden wir Menschen, die uns eigentlich ähneln, aber doch ein bisschen überlegen sind. Zum Beispiel Geschwister. Oder den gleichaltrigen Rivalen aus dem Tennisclub, der schon wieder ein Turnier gewonnen hat. Es schmerzt besonders, wenn man weiß: „Das hätte genauso gut ich sein können!"

Zu viel Neid wird zu einem waschechten Glückskiller. Aber es gibt Wege, wie du ihn (hoffentlich) in bessere Bahnen lenken kannst.

> „Dass uns eine Sache fehlt, sollte uns nicht davon abhalten, alles andere an uns zu genießen."
>
> Jane Austen, britische Schriftstellerin

- Versuche wirklich, dich nicht ständig mit anderen zu vergleichen. Was sie machen, was sie haben, was sie können ... Ist das denn so wichtig? Es ändert ja nichts an dem, was du machst, hast und kannst!
- Sei nicht neidisch auf das, was du im Internet siehst. Das sind Momentaufnahmen, aufpoliertes Glück. Studien zeigen: Je öfter und länger jemand auf Facebook und anderen sozialen Plattformen herumstöbert, desto mieser und erfolgloser fühlt er sich.
- Überlege ehrlich: Würde ich wirklich mit der Person tauschen wollen? Und gibt es in meinem Leben nicht viele andere tolle Dinge, die ich habe oder beherrsche? Dankbarkeit trägt dazu bei, dass du dich wieder besser fühlst.
- Neid kann auch Gutes bringen, denn er verrät viel über deine Sehnsüchte. Angenommen, du beneidest deinen Cousin, der wahnsinnig toll Klavier spielt. Dann heißt das, dass Musik auch für dich von Bedeutung ist. (Wäre sie dir egal, würdest du den Cousin einfach nur bewundern.) Neid kann dir also zeigen, was dir wichtig ist – und er kann dich anspornen.

GLÜCKS-BINGO!

Viele Dinge machen dich (hoffentlich) ein bisschen ausgeglichener und zufriedener. **Sammle sie in diesem Bingo!**

So spielst du alleine

Such ein Bingo-Kärtchen aus – und hake ab, was du gemacht oder geschafft hast. Kannst du das ganze Kärtchen in drei Tagen ausfüllen? Dann hast du gewonnen!

So spielst du mit anderen

Mit Familienmitgliedern macht Bingo noch mehr Spaß. **Kopiert die Kärtchen und hängt sie an den Kühlschrank. Vereinbart Preise miteinander, zum Beispiel:**

- **Wer als Erster eine Reihe voll hat, darf den anderen um einen Gefallen bitten.**
- **Wer als Erster sein Kärtchen voll hat, bestimmt eine Stunde lang, was ihr macht.**
- **Superpreis, falls alle Mitspieler ihr Bingo-Kärtchen innerhalb von drei Tagen ausfüllen:**

....

(Denkt euch euren gemeinsamen Superpreis aus und schreibt ihn auf! Kino? Zusammen Pizza-Backen? Ein Schwimmbad-Mittag?)

Habe Sport gemacht	Habe jemandem einen Gefallen getan	Habe jemanden zum Lachen gebracht	BINGO!
Habe etwas von der positiven Seite gesehen	Habe jemandem richtig gut zugehört	Habe (trotz Grund) nicht gemeckert	
Habe in einem guten Buch gelesen	Habe mich richtig gut konzentriert	Habe etwas geteilt	

Habe jemanden fest umarmt	Habe ein gutes Gespräch geführt	Habe jemanden eingeladen	BINGO!
Habe heute drei Komplimente gemacht	War ein guter Verlierer	Habe im Haushalt geholfen	
Habe etwas Entspannendes gemacht	War an der frischen Luft	Habe einen Konflikt gelöst	

Habe jemanden in der Schlange vorgelassen	Habe jemandem etwas beigebracht	Habe etwas zum ersten Mal probiert	BINGO!
Habe einen Verwandten angerufen und gefragt, wie es ihm geht	Habe jemanden getröstet	Habe Frühstück für alle gemacht	
Habe jemandem geholfen, ohne gefragt zu werden	Habe nachgedacht, wofür ich dankbar bin	War nett zu jemandem, den ich nicht so mag	

Was wünschst du dir vom Leben?

Hast du schon mal darüber nachgedacht, was du dir für die kommenden Jahre und Jahrzehnte wünschst? Was sind deine Ziele, Hoffnungen und Träume? Was findest du wichtig … und warum? Was willst du unbedingt mal tun (selbst wenn es ein bisschen verrückt ist)?

So viel Geld hätte ich gerne:

☐ Finde ich nicht wichtig ☐ Genug ☐ Millionär

(Zum Nachdenken: Warum glaubst du, dass diese Geldmenge dich zufrieden macht?)

Das will ich irgendwann machen: ....

....

Glaubst du, dass du später eine Familie willst?

☐ Eher nicht ☐ Eher schon ☐ Klar, mit … Kindern!

So will ich später am allerliebsten wohnen: ....

....

Berühmt oder prominent werden – das will ich…

☐ … unbedingt ☐ … auf keinen Fall ☐ … ist mir nicht wichtig

(Zum Nachdenken: Was sind Vor- und Nachteile, wenn man sehr bekannt ist? Würdest du wirklich mit jemandem tauschen wollen?)

Ein Abenteuer, das ich gerne erleben würde: ....

....

Hierhin will ich mal unbedingt reisen: ....

....

Tiere, die ich mal in freier Wildbahn sehen will: ....

....

Wie wichtig ist dir Gesundheit?

☐ Nicht so ☐ Ich nehm's, wie es kommt ☐ Total wichtig!

(Zum Nachdenken: Was tust du dafür, damit du gesund bleibst?)

Ich habe einen Traumberuf, nämlich: ....

Oder: Ich habe noch keinen Traumberuf. Aber diese Gebiete finde ich spannend:

....

Wie wichtig sind die Freundschaften?

☐ Nicht so ☐ Mittel ☐ Total

(Zum Nachdenken: Wie könntest du deine jetzigen Freundschaften noch besser machen?)

Das mache ich (hoffentlich) in 20 Jahren: ....

....

....

....

DU bist dein bester Freund!

Dein Leben ist wie eine Wundertüte. Du weißt noch nicht, was es dir alles an Überraschungen bringen wird.

Wahrscheinlich wird es eine wilde Mischung: Manchmal erwarten dich Probleme, Sorgen und Enttäuschungen. Aber in deiner Wundertüte stecken sicher auch Riesenportionen an Spaß, coole Erfahrungen und viele Glücksmomente.

Letztlich kommt es aber auch auf dich und deine Einstellungen an.
Oft hast du die Wahl, …

… ob du nur über Unerfreuliches nörgelst – oder viel lachst, lauthals singst und dich über Kleinigkeiten im Alltag freust.

… ob du antriebslos versackst – oder dich gut um dich und deine Gesundheit kümmerst.

… ob du selbst dein gemeinster Kritiker bist – oder ob du dich selbst bestärkst, tröstest und anfeuerst.

Vergiss nie, dass du eine Original-Ausgabe bist. Dich gibt es nur ein einziges Mal auf der ganzen weiten Welt! Und du bist wunderbar, genau so, wie du bist.

Sei also
dein allerbester Freund –
und behandle dich
richtig nett.
Du hast es verdient!

Darum bin ich mit diesem Super-Typ/ mit diesem Wahnsinns-Mädchen befreundet!

Male dich selbst in den Rahmen oder klebe ein Foto von dir ein.

„Bringt mich auf Trab, wenn ich in den Seilen hänge.“

„Macht lustige Grimassen, wenn ich in den Spiegel schaue.“

„Kümmert sich um mich.“

„Feuert mich an, wenn es mir nicht so gut geht.“

„Hält mich vom Grübeln ab.“

„Hängt immer mit mir ab.“

„Kennt alle meine Fehler – und mag mich natürlich trotzdem.“

„Ist immer auf meiner Seite.“

Nur für dich

Ein aufmunterndes Wort ist nie verkehrt. Hier bekommst du gleich einen richtig dicken Vorrat!

Du kannst die Kärtchen kopieren und ausschneiden. Oder mach eigene Karten, die perfekt zu dir passen. Du kannst sie in eine Schachtel legen, jeden Morgen eins ziehen … **und beschwingt in den Tag starten.**

Ich schaffe das!

Ich glaub an mich!

Ich denke an was Schönes!

Alles ist möglich!

Jetzt oder nie!

Auch kleine Schritte führen ans Ziel!

Ich fang einfach an!

Heute bin ich ein Glückspilz!

Ich folge meinem Herzen!

Ich lasse mich nicht verunsichern!

Ich vertraue auf mein Gefühl!

Ich träume. Plane. Und dann lege ich los!

Alles ist schwierig, bevor es einfach wird.

Ich nehme mir die Zeit, die ich brauche.

„Sei einzigartig und anders und scheine auf deine eigene Weise!"

Lady Gaga,
amerikanische Sängerin
und Schauspielerin

Text: Dela Kienle

Illustration: Horst Hellmeier

Umschlaggestaltung, Satz und Gestaltung:
Maria Seidel, atelier-seidel.de

Stockmaterial: adobe stock/devitaayu;
adobe stock/bosotochka (Flächen 126f.)

Zum Zweck der besseren Lesbarkeit wird in diesem Buch die Sprachform des generischen Maskulinums verwendet, die die weibliche Form mit einschließt und in allen Fällen geschlechtsneutral gemeint ist.

FSC www.fsc.org MIX Papier | Fördert gute Waldnutzung FSC® C111262

9 8 7 6 5

Ravensburger Verlag GmbH
Postfach 2460
D-88194 Ravensburg

Printed in Germany
ISBN 978-3-473-55532-1
ravensburger.com/service